GUDRUN TITZE

FÜR DIE SEELE

33 ORTE IM RUHRGEBIET

INNEHALTEN • LAUSCHEN • AUFBLÜHEN

POLYGLOTT

AUSZEITEN IM RUHRGEBIET
OSTEN

RUHRSCHLEIFE BEI WITTEN

AUSZEITEN IM RUHRGEBIET SÜDEN

ÜBUNGEN

INNEHALTEN LAUSCHEN AUFBLÜHEN

AUSZEITEN IM RUHRGEBIET
WESTEN

HALDE RHEINPREUSSEN

AUSZEITEN IM RUHRGEBIET NORDEN

OBSERVATORIUM HALDE HOHEWARD

MIT KLEINEN ÜBUNGEN ZUM

INNEHALTEN

Übungen zum Innehalten, den Blick nach innen zu richten und die Achtsamkeit zu schulen

LAUSCHEN

Übungen zum Lauschen, Spüren, Riechen, Schmecken, Hören – hier werden alle Sinne angesprochen

AUFBLÜHEN

Übungen, die kreativ werden lassen und ermuntern, etwas Neues auszuprobieren

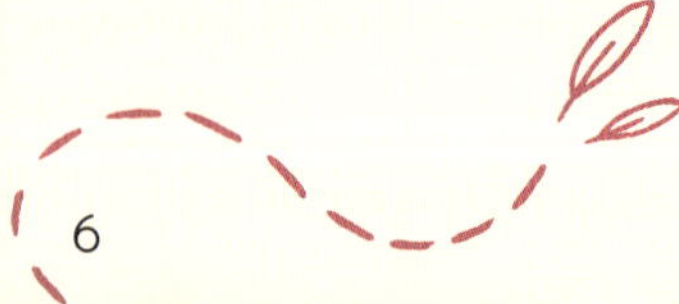

Dieses Buch möchte Sie einladen, die Natur mit Ihren Sinnen zu erkunden. Übungen unterstützen Sie bei der Entschleunigung, damit Körper und Geist zur Ruhe kommen. Tauchen Sie ein in die Natur, genießen Sie Ruhe oder Weite, erleben Sie faszinierende Augenblicke, und nehmen Sie eine effektive Auszeit vom hektischen Alltagstrubel.
Mittlerweile untermauert ein großer Studienfundus die positiven Wirkungen von Aufenthalten in der Natur auf das psychische und körperliche Befinden. Bereits ein 20-minütiger Waldspaziergang fördert die positive psychisch-emotionale Regulierung und stimuliert den Entspannungsnerv (Parasympathikus), wodurch der Stresspegel sinkt. Regelmäßige Unternehmungen im Grünen von mindestens drei Stunden wöchentlich zeigen dabei die stärksten Effekte.
Naturaufenthalte verbessern besonders in Verbindung mit Achtsamkeitsübungen die psychische Stimmung und weisen eine hohe Erholungsfunktion auf. Ergänzend unterstützt das lokale »grüne« Bioklima die Gesundheit: Im schattigen Grün ist die Lufttemperatur im Sommer deutlich kühler, wodurch das Thermoregulationssystem entlastet wird. Dies ist vor allem ideal für Kinder und ältere Menschen, um der innerstädtischen Hitzebelastung zu entkommen. Auch die bessere Luftqualität und beruhigende Naturklänge statt urbaner Smog- und Lärmbelästigung tragen zur Entspannung bei.
Die hier vorgestellten Orte im Ruhrgebiet sind sorgfältig ausgewählte Ruheoasen, fernab des hektischen Stadtalltags und gut erreichbar mit öffentlichen Verkehrsmitteln. Erleben Sie die heimische Natur beim Waldbaden oder Wandern in der Elfringhauser Schweiz, besuchen Sie den historischen Dortmunder Ostfriedhof oder besteigen Sie die beeindruckende Halde Rheinpreußen mit ihrem »Geleucht« und erleben – mit all Ihren Sinnen – neue ungewohnte Perspektiven.
Kommen Sie bewusst und aktiv zur Ruhe durch die unterschiedlichen sensorischen Übungen, und genießen Sie Ihre persönliche Auszeit für Körper, Geist und Seele.

Dr. rer. biol. hum. Gisela Immich

GÖNNEN SIE SICH EINE AUSZEIT

Liebe Leserinnen und Leser,

Es ist mir eine große Freude, Sie mit diesem Buch auf Entdeckungstour mitzunehmen und Ihnen neue ungewohnte Wege zu zeigen. Sie dürfen den Blickwinkel verändern, innehalten, Ihren eigenen Gedanken und Ideen freien Lauf lassen - sich inspirieren lassen. Sie dürfen improvisieren, Mikroabenteuer erleben, Entspannung, Achtsamkeit, Entschleunigung und v. a. die Liebe zur Natur erfahren. Sie dürfen sich einlassen, das Kleine entdecken, Begegnungen mit Tieren erleben, Anstiege ohne Anstrengung erfahren, zu sich kommen und eine Auszeit vom Alltag nehmen.

Eine bunte Vielfalt an Destinationen in unterschiedlichsten Gefilden erwartet Sie.

Egal ob in Kirchen, auf Halden, in Museen, vor allem aber in Natur und Wald, gilt es abzuschalten und Neues zu erleben Die Wege sind sorgfältig ausgewählt, oft einsam und Sie werden in den Genuss von Stille

kommen. Mit geringerem Tempo als gewohnt dürfen Sie unterwegs sein und für sich verinnerlichen: Wer langsam ist, hat endlich Zeit. Vor allem aber dürfen Sie begeistert und fasziniert sein.

Räumen Sie sich Zeit für sich selbst ein. Lassen Sie das Wetter Wetter sein und tanken Sie Tageslicht. Besonders im Winter an trüben Tagen ist dies umso wichtiger und in der Wirkung aufs Wohlbefinden unübertrefflich. Nehmen Sie sich einige Stunden nur für sich und ziehen regelmäßig los, Verpflegung und auch ein Tagebuch dürfen Sie stets begleiten, und wenn Sie Lust haben, schreiben Sie Ihre Gedanken nieder. Was fühlen Sie im stillen Wald oder im inspirierenden Kloster, was sagt Ihre innere Stimme, woran möchten Sie sich später noch erinnern können? Verewigen Sie Impressionen durch Malen, Zeichnen, Schreiben - Ihrer Kreativität sind keine Grenzen gesetzt. Suchen Sie sich eigene neue Wege, gehen auf Entdeckungstour, verlangsamen Sie Ihr Tempo auch im Alltag und machen vor allem regelmäßig Pausen.

Schreiben Sie mir gerne Ihre Erfahrungen, auch für Anregungen bin ich sehr dankbar und freue mich auf Ihre E-Mail.

Ihre Gudrun Titze

IM WEITMARER HOLZ

GRÜNE LUNGE IM REVIER

BOCHUM - WEITMARER HOLZ

Wunderschöne alte Buchenbestände empfangen Sie; Blumenwiesen, Totholz und weitläufige Wildgehege laden zur Tierbeobachtung ein.

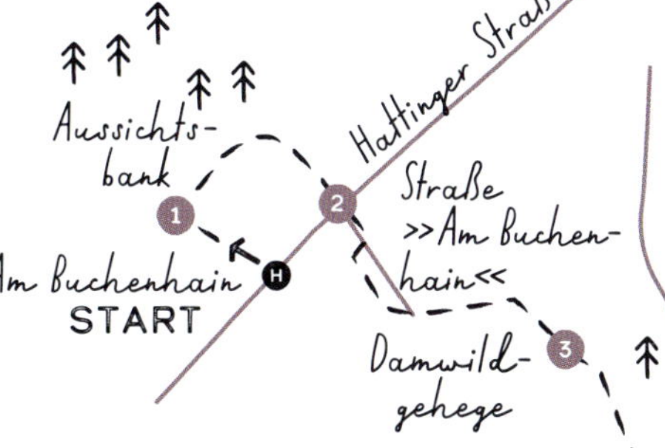

START
Haltestelle Bochum
Am Buchenhain

ZIEL
Bushaltestelle Bochum
Sternwarte (Linie 354) oder
Startpunkt

DISTANZ 4 km (variabel)

DAUER 1,5 Stunden oder länger

ANFAHRT
ÖPNV: Haltestelle Bochum
Am Buchenhain, U 308, 318
PKW: Am Buchenhain 1,
44795 Bochum (der Einstieg
in die Wanderung kann hier
stattfinden)

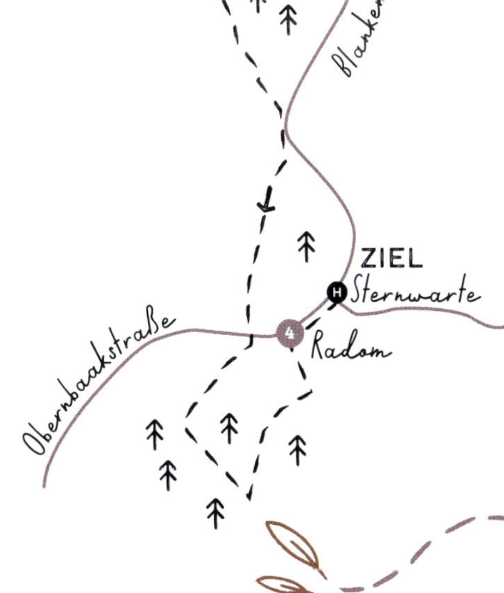

WER BEOBACHTET HIER WEN?

Nachdem Sie die Straßenbahn an der Haltestelle »Am Buchenhain« verlassen haben, fallen Sie geradezu in den nahe gelegenen Wald und bereits nach einigen Momenten erleben Sie den Zauber dieses Buchenhains. Das Weitmarer Holz umfasst etwa 80 Hektar und ist ein Opfer des Bergbaus, war es früher noch deutlich größer. Um den Ort rankt sich die Sage, dass hier von dem Schweinehirten Jörgensen die Kohle entdeckt wurde. Eines Abends hatte er in einer von einem Schwein gegrabenen Kuhle ein wärmendes Feuer auf schwarzen Steinen entzündet. Als er am nächsten Morgen erwachte, glühten und funkelten die schwarzen Steine noch immer in den allerschönsten Farben. Anfangs hielt er die Steine für verhext und entfernte sich von diesem unheimlichen Ort. Als er es aber erneut so erlebte, nahm er die Steine mit ins Dorf und der Beginn der Steinkohlenutzung war geboren.

TIERISCHE EINDRÜCKE

Anfangs machen Sie einen kleinen Nordwestschlenker und nach wenigen Minuten erreichen Sie die erste 1 AUSSICHTSBANK mit Blick über Felder. Bald darauf überqueren Sie die Hattinger Straße Richtung Südosten, an der Sie auch gestartet sind, und befinden sich jetzt in der 2 STRASSE AM BUCHENHAIN. Nachdem Sie eine Wiese über- und ein kleines Wohngebiet durchquert haben, befinden Sie sich schon wieder im Wald. Links liegt der Städtische Friedhof. Bald ist das große 3 DAMWILDGEHEGE erreicht, in dem sich viele Tiere tummeln und sobald geeignetes Futter am Zaun erscheint, galoppiert die Herde heran. Kurz darauf folgt das Wildschweingehege, wo u. U. Revierkämpfe und kleine Jagden zu beobachten sind. Wer hier der Chef ist, dürfte keine Frage sein! Das ganze Schauspiel regt doch sehr zum Schmunzeln an.

DURCH FELDER UND HÜGEL

Zu Ihrer Rechten tut sich bald eine Aussicht auf, die Sie glauben lässt, nicht im Ruhrgebiet, sondern eher im Vorgebirge eines Hochgebirges zu sein. Lieblich liegen Felder und bewaldete Hügel vor Ihnen, ein traumhaft schöner Anblick, der auch in Asturien in Nordspanien zu sehen sein könnte. Der Blick geht Richtung Südwesten nach Essen und Hattingen.

Bald verläuft der Weg parallel zur Blankensteiner Straße, es geht am »Forsthaus« vorbei, wo eine Einkehr möglich ist. Nun dauert es nicht mehr lange, bis ein äußerst ungewöhnliches Gebilde links von Ihnen durchs Grün schimmert, das sogenannte Radom der Bochumer Sternwarte befindet sich ganz in der Nähe, eine unverkennbare weiße Kuppel. An dieser Stelle verlassen Sie den Wald und im Sommer erblicken Sie Blumenwiesen, ein Anblick wie gemalt. Ein Feld von Kornblumen mit vereinzelten roten Mohnklecksen neben einem gelben Meer oder auch alles gemischt: Halten Sie einige Momente inne und erfreuen sich an dieser Augenweide. Entsprechende Insekten tummeln sich zuhauf, Bienen und Hummeln laben sich. Das Radom tritt bei diesem Anblick durchaus in den Hintergrund. Vorbei geht's an Streuobstwiesen und Eichen, voll beladen mit Eicheln.

An der nächsten Kreuzung ist nun das ❹ RADOM mit 2 Minuten Fußweg ausgeschildert, was jedoch übertrieben ist. Bereits nach wenigen Schritten können Sie das ungewöhnliche Gebilde genauer anschauen. Es handelt sich um eine Satellitenbodenstation der Sternwarte Bochum. In der 40 Meter hohen Tragluftkuppel werden Weltraum- und Umweltforschung erlebbar.

Für eine weitere kleine Runde geht es einige Schritte zurück und erneut in den Wald, Sie halten sich immer links und gelangen bald zur Bushaltestelle »Bochum Sternwarte«, wo Ihre Tour enden kann. Alternativ können Sie die Tour verlängern und durchs östliche Weitmarer Holz zurück zum Startpunkt laufen. Dabei können Sie die Gedenkstätte des Schriftstellers Georg Breuker besuchen, der den beschriebenen Hirten Jörgensen lebendig werden ließ.

WEITERE INFOS:

→ www.sternwarte-bochum.de

NATURWISSEN

MASTJAHRE

Alle paar Jahre verabreden sich Bäume einer Baumart zu sogenannten Mastjahren, was zu einer Vergrößerung des Futterangebots für Tiere führt, aber natürlich auch zu stärkeren Vermehrungsmöglichkeiten der Bäume. Sie investieren in diesen Jahren besonders viel Energie in ihre Früchte, in anderen Jahren mehr ins Holzwachstum. Somit haben die Bäume Gewissheit, dass nicht alle ihre Früchte aufgefressen werden und sich genügend Nachwuchs ansiedeln kann. In anderen futterarmen Jahren geht dann wiederum das Wild auf natürliche Weise zurück.

TOUR 2
STIEPELER DORFKIRCHE

KLEINOD ERSTER GÜTE

BOCHUM – STIEPELER DORFKIRCHE

Umgeben von alten verwitterten Grabsteinen liegt die Kirche mit ihren reichen Malereien, die zwischen dem 12. und 16. Jahrhundert entstanden sind, fast versteckt im Dorf Stiepel nahe der Ruhr. Nach dem Besuch des Gotteshauses und des alten Friedhofs bietet sich ein Spaziergang an den nahe gelegenen Fluss an.

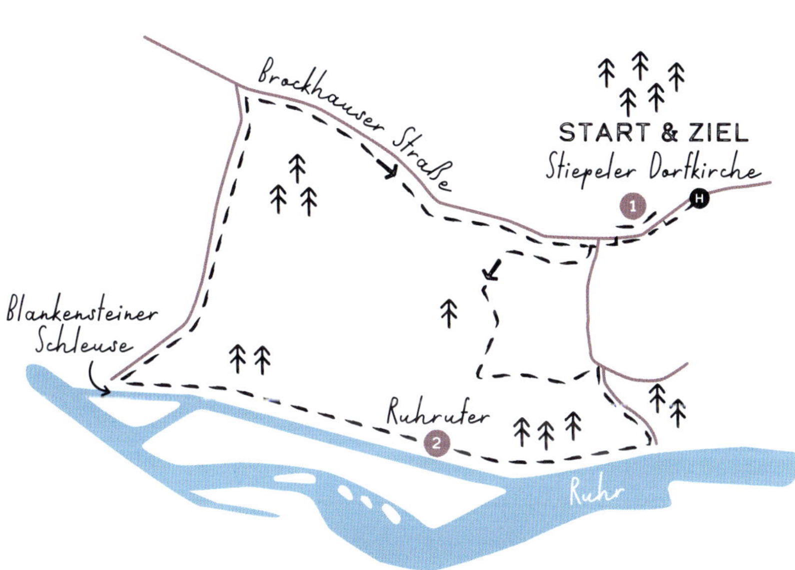

START UND ZIEL
Bushaltestelle Bochum Stiepeler Dorfkirche

DISTANZ 4 km (variabel)

DAUER
2–3 Stunden oder länger

ANFAHRT
ÖPNV: Bushaltestelle Bochum Stiepeler Dorfkirche, Linie 370. PKW: Brockhauser Straße 74a, 44797 Bochum

GUT ZU WISSEN
Die Kirche ist barrierefrei

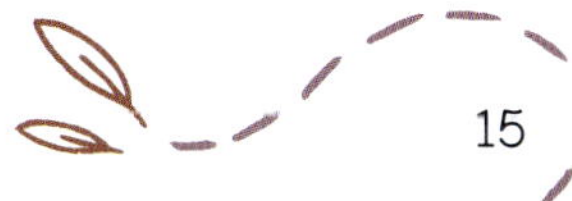

Eine angenehme Ruhe geht von diesem Ort der Stille aus.

Beim Durchqueren des hübschen Torbogens, von der Westseite kommend, fallen verschiedene Grabplatten aus dem 16. und 17. Jahrhundert an den Wänden des Durchgangs auf. Um auch innerlich an diesem wunderbaren Ort anzukommen, bietet es sich an, erst einmal auf dem Kirchhof zu verweilen. Die Grabsteine stehen teilweise schief und weisen beeindruckende Abbildungen auf.

Um Heiligen und Märtyrern, die häufig in Kirchen beigesetzt waren, so nahe wie möglich zu sein, war es früher üblich, direkt neben Kirchen die Grabstätten anzulegen. Bis weit ins 19. Jahrhundert hinein wurden auf diesem Kirchhof Tote bestattet. Erst als das Aufkommen zu groß und der Platz zu eng wurde, legte man externe Friedhöfe an. Der neue Friedhof, der erst 1868 eingeweiht wurde, liegt hinter einer alten Natursteinmauer direkt nebenan. Heute befinden sich noch 72 aus Ruhrsandstein gefertigte Grabsteine auf dem alten Kirchhof. Sie stammen alle aus der Zeit zwischen 1600 und 1709. Bitte nicht erschrecken, denn auf den Grabsteinen sind teilweise Totenköpfe abgebildet, was im 16. Jahrhundert durchaus üblich war. Häufig befinden sich weitere Gravuren in einer bestimmten Reihenfolge auf vielen Gräbern: Der Totenkopf unten steht für Tod und Vergänglichkeit, das Stundenglas darüber verdeutlicht diese ebenfalls, gefolgt von einem Herzen als Symbol für die Wiederauferstehung, oben krönt das Ganze ein Engel, der die Wiederauferstehung im Himmel symbolisiert.

Die Grabsteine auf diesem kleinen Friedhof kamen irgendwann zu Fall und auch Kriege brachten die Ordnung durcheinander. Sie wurden wieder aufgerichtet und stehen meistens nicht auf den dazugehörigen Gräbern, was dem Anblick jedoch keinen Abbruch tut. Lassen Sie diesen Ort der Stille, der eine angenehme Ruhe ausstrahlt, mit Blick auf die Kirche einfach auf sich wirken.

BLICK AUF DIE GESCHICHTE

Das Gründungsjahr Stiepels ist zwar nicht bekannt, jedoch ist der Name »Villa Stipula« um 900 im damaligen Abgabeverzeichnis des Benediktinerklosters Werden aufgeführt. Die Höfe der »Villa Stipula« waren dem Kloster gegenüber abgabepflichtig. Kaiser Otto III. schenkte im Jahre 1001 dem Grafen Liutger den Haupthof in Stiepel, der zum karolingisch-ottonischen Reichsgut gehörte. Überlieferungen zufolge wurde die Kirche um 1000 herum auf Veranlassung der Gräfin Imma als Eigenkirche errichtet. Ihr Ehemann Liutger soll mit dem Erzbischof Heribert von

IDYLLISCHE RUHE IN DEN RUHRAUEN

Köln befreundet gewesen sein, zu dessen Diözese Stiepel gehörte. Der Erzbischof gab die Erlaubnis zum Bau in Eigenregie. Das Recht zur Erbauung der Kirche beinhaltete auch das Ausüben der Seelsorge. Die Stiepeler Dorfkirche soll zu Ehren der Jungfrau Maria, des Papstes Cornelius und des hl. Cyprianus gestiftet worden sein. Unter ihr befand sich eine Quelle, was unterschiedliche Bedeutungen hatte. Zum einen wurde Quellen häufig eine heilende Wirkung zugesprochen, zum anderen wurde Wasser zum Taufen benötigt. Da es sich um eine Wehrkirche handelte, war es für die Verteidiger wichtig, Trinkwasser zur Verfügung zu haben. Heute bestehen trotz diverser Gegenmaßnahmen Feuchtigkeitsprobleme im Mauerwerk der Kirche.

Nach dem Tode Liutgers im Jahre 1011 verließ Gräfin Imma Stiepel und ging nach Bremen, wo sie 1038 starb. Fast ihr gesamtes Vermögen und Stiepel vermachte sie dem Dom zu Bremen. Es folgten verschiedene Besitzerwechsel und mit Ende des Feudalsystems ging die Kirche in den Eigenbesitz der Familie Syberg über. Das Gebäude befand sich in einem stetigen Wandel. Die ursprüngliche Saalkirche hatte lediglich eine Größe von etwa 3 x 5,60 m, entsprach also der Breite des heutigen Mittelschiffs. In der zweiten Hälfte des 12. Jahrhunderts wurde die Kirche zur Gänze neu errichtet und es entstand eine romanische Basilika. Vermutlich Ende des 15. Jahrhunderts wurde die Basilika zu einer Hallenkirche ausgebaut.

GRABSTEINE AUS RUHRSANDSTEIN

DIE FLUCHT NACH ÄGYPTEN

STAUNEN UND ANDACHT

Nach dem Betreten der 1 KIRCHE und Durchschreiten der kleinen Vorhalle geht es nun in die Hauptkirche, die zwar nicht groß, aber umso beeindruckender ist. Sofort fallen die vielfältigen Wandmalereien ins Auge. Sie stammen aus dem 12. bis 16. Jahrhundert und wurden - wie im 17. Jahrhundert üblich - weiß übertüncht. Erst Mitte des 20. Jahrhunderts wurden sie wieder freigelegt, teils übermalt und auch beschädigt. Von 1963 bis 1965 fand eine umfangreiche Restaurierung statt. Heute ist es üblich, Originalmalereien nicht mehr zu ergänzen oder nachzumalen, sondern im Ursprung zu belassen, auch auf die Gefahr des Verblassens hin.

Wenn Sie nun Ihren Blick nach oben zur Decke richten, sind direkt über Ihnen in der Mitte Jesus sowie die Brüder Kain und Abel abgebildet.

Links im Chorabschlussgewölbe sind Szenen aus dem Paradies zu sehen. Je nach Lichteinfall kann man bei genauerem Hinsehen noch deutlich die Abbildungen erkennen: die Erschaffung Evas, der Sündenfall, die Verstoßung und die Vertreibung aus dem Paradies. Adam und Eva und die Schlange sind abgebildet, etwas weiter rechts Adam und Eva, wie sie ihre Scham bedecken, daneben ein Engel. Erhaltungszustand, Alter und Vielfalt dieser aus dem 16. Jahrhundert stammenden Malereien lassen den Besucher

staunen, Aussage- und Symbolkraft lassen ihn beinahe andächtig werden, sind solche historischen Werke doch eine Seltenheit und von unschätzbarem kulturellem Wert.

Besonders eindrucksvoll sind die gut zu erkennenden Malereien rechts neben der Paradiesdarstellung in der nördlichen Apsis, wo der Bethlehemitische Kindermord sowie die Flucht nach Ägypten dargestellt werden. Letztere gehört zu den ältesten Ausmalungen und wird auf die Zeit zwischen 1170 und 1180 datiert. Gottesdienste finden in dieser Kirche, die 2008 zum Kulturdenkmal an der Ruhr ernannt wurde, noch regelmäßig statt.

Es befindet sich dort auch umfangreiches Informationsmaterial und mit etwas Glück ist eine Aufsichtsperson vor Ort, eine Kirchenführerin, die gerne persönlich Auskunft gibt.

Dem Engagement ehrenamtlicher Mitarbeiterinnen ist es zu verdanken, dass die Kirche täglich (außer montags) besucht werden kann.

Nach dem Erleben von so viel Einkehr, Schönheit und Historie können Sie nach dem Kirchenbesuch noch einen schönen Spaziergang zur ❷ **RUHR** machen, die sich hier besonders romantisch präsentiert. Über schöne idyllische Fußwege, teils an Wiesen vorbei, geht es zur Ruhr hinunter. Auf der gegenüberliegenden Seite thront weit oben auf einem Felssporn die Ruine der mittelalterlichen Burg Blankenstein. Nach Belieben können Sie Ihren Spaziergang ausdehnen, bevor Sie nach Stiepel zurückkehren.

INNEHALTEN

Der Aufenthalt in dem Gotteshaus wird Sie gleichzeitig zum Staunen und vielleicht auch zu einer ehrfürchtigen oder andächtigen Haltung bringen. Setzen Sie sich und nehmen Sie sich ein paar Minuten Zeit und halten Sie inne. Ob Sie das mit einem Gebet machen, Dankbarkeit verspüren oder einfach nur Ihren Kopf frei von Gedanken werden lassen, spielt dabei keine Rolle. Was einzig zählt, ist der Augenblick im Hier und Jetzt, in der Stille dieses besonderen Ortes.

WEITERE INFOS:

Öffnungszeiten der Dorfkirche:
Nov.-Feb. tgl. außer Mo 14-16, März-Okt. tgl. außer Mo 14-18 Uhr

»FÄHRE HARDENSTEIN« VERBINDET DIE BEIDEN RUHRUFER.

AUF DEN SPUREN DES BERGBAUS

WITTEN - RUINE HARDENSTEIN UND MUTTENTAL

Die ehemalige Wasserburg Hardenstein, idyllisch an der Ruhr gelegen, ist Ihr erstes Ziel, bevor es in das geschichtsträchtige Muttental mit wunderschönem Wald auf teils kleinen, abenteuerlichen Pfaden geht.

START
Bushaltestelle
Witten Herbeder Straße

ZIEL
Bushaltestelle Witten-Bommern Bahnhof, (Linie 379)

DISTANZ ca. 6,5 km (variabel)

DAUER 3 Stunden oder länger

ANFAHRT
ÖPNV: Bushaltestelle Witten Herbeder Straße, Schnellbus SB38

MITNEHMEN
Malutensilien

FÄHRZEITEN
März-Mai und Sept.-Okt. 9-19 Uhr, Juni-Aug. 9-21 Uhr; freiwilliges Fährentgeld

GUT ZU WISSEN
Alternativer Start ohne Fähre: Bushaltestelle Witten Hardensteiner Weg, 15 Minuten Fußweg bis zur Burgruine Hardenstein

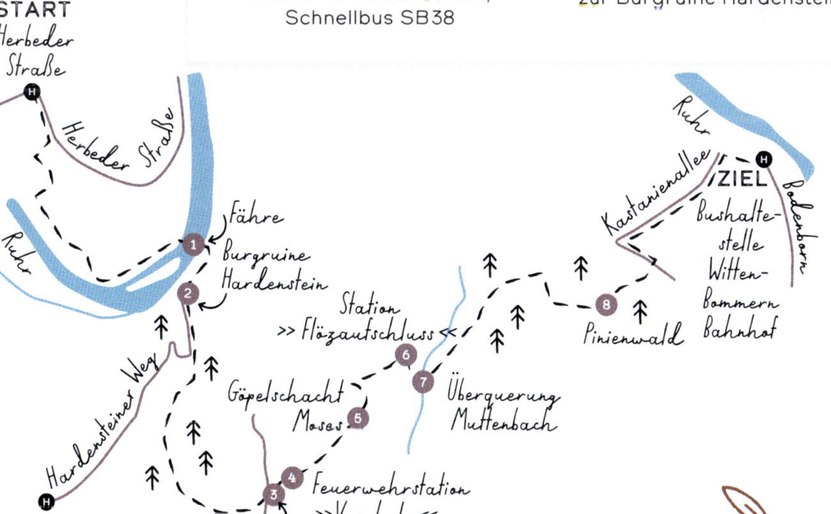

SAGENUMWOBENE BURGRUINE HARDENSTEIN

Der heutige Tag dürfte reich an Eindrücken werden. Machen Sie unterwegs immer wieder Pausen, um diese zu verarbeiten. Im Alltag sind wir oft »schnell schnell« unterwegs. Um ein solches Ausmaß an Impressionen sacken zu lassen, darf gerne etwas mehr Zeit zur Verfügung stehen.

Von der Haltestelle »Herbeder Straße« gehen Sie Richtung Süden zur Ruhr hinunter und haben schon bald die ❶ **FÄHRE** erreicht. Nach Ankunft auf der anderen Flussseite geht es nach rechts zur ❷ **BURGRUINE HARDENSTEIN.** Bei der aus dem Mittelalter stammenden Burg Hardenstein handelte es sich um eine Wasserburg, früher lag sie unmittelbar an der Ruhr. Zu erreichen ist sie nur per Fähre oder zu Fuß bzw. mit dem Fahrrad. Sie gehört zum Stadtteil Witten-Herbede und ist vom gleichnamigen Naturschutzgebiet Hardenstein umgeben. Erbaut wurde sie zwischen 1345 und 1354 von der Familie Hardenstein und diente ihr als Wohnsitz. Die Familie hatte große finanzielle Probleme und 1378 kam es durch die Hardensteins zum erfolglosen Angriff auf die Stadt Dortmund. Es folgten Besitzerwechsel und bis ins 16. Jahrhundert hinein war die Burg bewohnt, nach ihrer Aufgabe im 18. Jahrhundert begann der Verfall. Seit 1975 ist die Burg von der Stadt Witten gepachtet und nach Renovierung bzw. Sanierung heute wieder frei zugänglich.

VON ZWERGEN, RITTERN UND FLÜCHEN

Es rankt sich eine der bekanntesten Sagen des Ruhrgebietes um die Ruine, die auch die Brüder Grimm beschäftigt hat. Vor mehr als 600 Jahren soll ein Zwergenkönig namens

WILDE KARDE

MALEN

Wenn Sie möchten, greifen Sie nun zu Ihren Malutesilien und verewigen die Bugruine. Es gibt viele verschiedene interessante Ansichten, die Sie mit Pinsel oder Stift festhalten können. Auch der Blick auf die Ruhr könnte ein Bild wert sein. Sie glauben, Sie können nicht malen? Aufgrund der klaren Strukturen ist die Burg ein Objekt, welches sich zum Ausprobieren im Malen oder Zeichnen bestens eignet. Allerdings geht es nicht um Perfektionismus. Wenn Sie Lust dazu haben, fertigen Sie eine Skizze oder ein Bild an und legen es Ihrem Tagebuch als Erinnerung bei. Vielleicht findet auch der Zwergenkönig aus der Sage einen Platz im Bild.

Goldemar hier gelebt haben und viele gemütliche Abende mit dem Ritter Neveling von Hardenstein verbracht haben. Man hörte den Zwergenkönig schlürfen und schmatzen, sehen konnte ihn jedoch niemand, war er doch unsichtbar.

Die Hardensteins hatten eine gute Zeit auf ihrer Burg. Speis und Trank wurden niemals knapp. Wenn sich Feinde der Burg näherten, warnte der Zwergenkönig die Familie rechtzeitig und Angriffe konnten erfolgreich abgewehrt werden. Gleichzeitig lebte ein Küchenjunge auf der Burg. Getrieben von seiner Neugierde wollte er dem Zwergenkönig auf die Spur kommen und ihn enttarnen. Dazu verteilte er Erbsen und Mehl auf der Küchentreppe, wusste er doch, dass der Zwergenkönig nachts gerne ein Mahl hier nahm. Der Plan ging zunächst auf, der Zwergenkönig stolperte über die Erbsen und verlor seine Tarnkappe. Der Küchenjunge hatte ihm aufgelauert und erblickte das Antlitz des Zwergenkönigs, was ihm zum Verhängnis wurde. Goldemar schnappte den Jungen, zerriss ihn, kochte und briet ihn und verspeiste ihn in seinem Turmzimmer,

welches von nun an Goldemars Kammer hieß. Am nächsten Morgen wollte der Ritter Neveling nach dem Rechten schauen, stieg zum Turmzimmer hinauf und musste über der Tür die Ankündigung lesen, die Burg Hardenstein solle in Zukunft so unglücklich werden, wie sie in der Vergangenheit glücklich gewesen war, solange nicht drei Generationen der Hardensteins gleichzeitig hier lebten, was in der Zukunft aber niemals eintrat. 40 Jahre nach diesem Fluch starb die Familie aus und die Burg verfiel.

KUNST AM WEGESRAND

Die Gegensätze von Natur und Industriekultur beeindrucken.

Die Begehung der Ruine macht nach dieser Geschichte vielleicht noch mehr Vergnügen. Werktags ist hier wenig Frequentierung und es lassen sich stille und ungestörte Momente erleben. Der Blick aufs Wasser kann beruhigend wirken, genießen Sie die schöne Aussicht. Wenden Sie den Blick auch mal nach links, dort ist ein ehemaliger Bahnsteig der inzwischen stillgelegten Bahnstrecke zu erkennen.

Die Burgruine hinter sich lassend führt der Weg leicht bergan über teils kleine und wunderschöne Pfade mitten durch ein idyllisches und uriges Waldgebiet. An einer Wegkreuzung mit sieben Wegen geht es geradeaus leicht links und ziemlich steil bergauf. Auf dem folgenden Wegabschnitt bis zur Straße gibt es nur noch wenige Abzweigungen, Sie halten sich an der nächsten Möglichkeit noch einmal rechts und dann führt der Weg automatisch nach oben zur Straße. Solange Sie bergauf gehen, sind Sie in der richtigen Richtung unterwegs. Hinter dem ❸ RESTAURANT »ZUR ALTEN TÜR« geht es nach rechts und bald passieren Sie die ❹ FEUERWEHRSTATION »VORMHOLZ«, kurz darauf den ❺ GÖPELSCHACHT MOSES, eine von vielen Bergbau-Stationen im Gebiet des Muttentals.

Der Kontrast zwischen Natur und Industriekultur ist im Muttental mit seiner jahr-

FLÖZAUFSCHLUSS - EINBLICK IN DIE ARBEIT UNTER TAGE

hundertealten Geschichte beeindruckend und einmalig. Der Ruhrbergbau hatte im 16. Jahrhundert hier seine Anfänge und es reihen sich in malerischer Kulisse Relikte und Zeugnisse dieser Zeit aneinander. Zu Beginn des Bergbaus grub man waagerechte Stollen in die Hänge. Schächte, die tief in die Erde reichten, gab es erst später. Anfangs war die Steinkohle nicht sonderlich beliebt, führte sie doch zu einer starken Rauchentwicklung und ihr Abbau wurde von Bauern und Köttern nur im Nebenerwerb betrieben. Als jedoch die Industrialisierung begann, Eisenverhüttung stattfand und die Kohle auch in Schmieden Einzug hielt, wendete sich das Blatt und es folgten neue Abbaumethoden. Nachdem die oberflächlichen Kohlevorkommen erschöpft waren, ging es in die Tiefe. Auf Ihrem Weg werden Sie einige sogenannte Stollenmundlöcher entdecken, welch passender Name. Als die Dampfmaschine Einzug hielt, konnte das angesammelte Grubenwasser abgepumpt werden und es konnte immer tiefer liegende Kohle abgebaut werden.

Nach einer scharfen Linkskurve geht es im rechten Winkel rechts bergab und die besonders interessante **6 STATION »FLÖZAUFSCHLUSS«** erwartet Sie, werfen Sie unbedingt einen Blick hinein! Nahe dem Stollen Stettin überqueren Sie bald den **7 MUTTENBACH** und biegen links ab. Ein Herbstspaziergang kurz vor der Dämmerung lässt eine besonders geheimnisvolle Atmosphäre aufkommen. Der Stadtteil Bommern nähert sich bereits und es geht leicht bergauf, Sie halten sich tendenziell rechts. Am Schluss geht es noch durch einen schönen **8 PINIENWALD** und bald ist das Ziel erreicht. Die Tour endet an der Bushaltestelle »Witten-Bommern Bahnhof«.

EINLADENDE 3-TÜRME-BANK

FANTASTISCHE WEITBLICKE

HAGEN – 3-TÜRME-WEG

Über den Dächern Hagens begrüßen Sie die drei Türme Eugen-Richter-Turm, Bismarckturm und Kaiser-Friedrich-Turm, die dem abwechslungsreichen Weg ihren Namen gegeben haben. Auch Tierbeobachtungen und fantastische Weitsichten sind geboten.

START UND ZIEL
Bushaltestelle Hagen Allgemeines Krankenhaus

DISTANZ 11,5 km

DAUER 4–5 Stunden

ANFAHRT
ÖPNV: Bushaltestelle Hagen-Allgemeines Krankenhaus, Linie 543.
PKW: Allgemeines Krankenhaus, Grünstraße 35, 58095 Hagen (Parken in naher Umgebung möglich)

MITNEHMEN
Fernglas, falls vorhanden

GUT ZU WISSEN
Alle drei Türme sind zu besteigen.

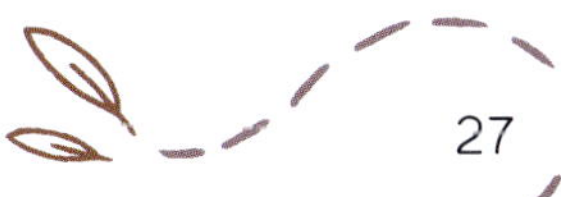

Nach wenigen Minuten haben Sie der Grünstraße entlanggehend den Stadtgarten erreicht und umrunden den 1 TEICH. Das erste **T** als Wegmarkierung für den 3-Türme-Weg lässt nicht lange auf sich warten. In großen Teilen folgen Sie heute diesem Zeichen. Vorbei geht es an der Naturstein-Villa am Goldberg und bald darauf tauchen Sie in den Wald ein. Der erste der drei Türme, der 2 BISMARCKTURM, ist bereits nach etwa 20 Minuten nach dem Start erreichbar. Auch diese Tour soll Sie zur Gelassenheit ermuntern, nehmen Sie sich also gerne mehr Zeit.

VORBEI AN DREI TÜRMEN

Der Bismarckturm gilt als ein Wahrzeichen von Hagen und wurde 1986 in die Denkmalliste der Stadt aufgenommen. 1901 wurde er zu Ehren des ersten deutschen Reichskanzlers Otto von Bismarck eingeweiht, und zwar in einer Reihe von insgesamt 240 Türmen weltweit. Gedacht waren viele der Türme als Feuertürme, um mit Flammen gleichzeitig die Einheit Deutschlands zu symbolisieren. Dieser Bismarckturm erhielt jedoch aus unbekannten Gründen niemals eine Feuerschale – es fanden lediglich bengalische Beleuchtungen statt.

Bald nähern Sie sich dem Hagener 3 FUNKTURM, der genau genommen die Tour zu einer 4-Türme-Tour macht, allerdings ist er nicht begehbar und nicht historisch.

Eine neue Pflanzenvielfalt mit Laub- und Obstbäumen erobert die vom Sturm zerstörten Flächen.

Bald zeigen sich Wildschweine am Wegesrand, aber keine Sorge, sie sind aus Holz geschnitzt, genauso wie Hacki, der Specht. Beim Abstecher zum 4 SAUPARK können Sie dann jedoch echte Wildschweine entdecken.

Als Nächstes erwartet Sie der 5 KAISER-FRIEDRICH-TURM, nahe gelegen der gleichnamigen Gaststätte. Auch wenn diese geschlossen sein sollte, ist der Weg zum Turm möglich. Der Turm selbst ist dann jedoch nicht begehbar. Der Aufstieg ist lohnenswert, bietet sich doch eine fantastische Weitsicht bis ins Ennepetal, zur Stadt Hagen und ins Ruhrtal. Gleich mehrere Landmarken sind von hier zu sehen, wie das Koepchenwerk am Hengsteysee, der Schornstein vom Cuno-Kraftwerk am Harkortsee oder auch die Gebäude der Ruhruniversität Bochum. 1891 noch ein provisorischer Holzbau, wurde der Kaiser-Friedrich-Turm 1910 als massiver Backsteinturm errichtet und ist seit jeher ein beliebtes Ausflugsziel.

EUGEN-RICHTER-TURM UND DIE BENACHBARTE VOLKSSTERNWARTE

Auf Ihrem weiteren Weg kommen Sie u. a. an einer Streuobstwiese, einem 6 **HOLZ-PUZZLE** für Kinder, an Wiederaufforstungsbereichen, die nach Orkan Kyrill 2007 und Sturm Friederike 2018 angelegt wurden, sowie am Damwildgehege vorbei. Die stürmischen Zeiten sind dem Gebiet noch anzusehen, besticht die Optik heute jedoch durch eine neue Pflanzenvielfalt. Statt der Fichtenbestände in Monokulturen ist hier nun v. a. die beständigere Rotbuche vorzufinden. Ebenso hat sich eine vielfältige Strauch- und Krautflora angesiedelt. Auch auf dem Damwildgehege ist der Fichtenbestand nach Sturm Friederike eingebrochen und heute finden sich hier verschiedene Laubbäume wie die Traubeneiche, verschiedene Obstbäume und die Rosskastanie wieder. Diese leidet wie vielerorts in Deutschland jedoch stark unter der Miniermotte, die zu frühzeitigem Laubabfall führt. In den hiesigen Breiten fehlen die natürlichen Feinde dieser Motte, sodass der Baum es hier schwerer hat, als man bei der Anpflanzung gehofft hatte.

TIERBEOBACHTUNG

Nehmen Sie sich viel Zeit und genießen den Blick ins Gehege. Nach etwa 5–10 Minuten lassen sich häufig die Tiere bereits blicken. Sie kommen dann zum Äsen auf die Freifläche und fühlen sich aufgrund der Entfernung zum Aussichtsturm nicht gestört. Anfangs ist häufig nur ein einzelnes Tier zu sehen, bis sich irgendwann durchaus eine ganze Herde blicken lässt. Werktags ist es hier äußerst ruhig und die Wahrscheinlichkeit, Tiere zu entdecken, groß. Bei Störungen ziehen sich die Tiere rasch wieder zurück. Eine wunderbare Möglichkeit, in Stille zu sitzen, abzuwarten und zu beobachten.

TIERISCHE BEOBACHTUNGEN

Am 7 **DAMWILDGEHEGE** lohnt es sich, eine längere Pause einzulegen, es gibt eine kleine Aussichtsplattform. Die Bänke nahe dem Gehege bieten auch eine wunderbare Sitz- und Beobachtungsmöglichkeit. Die Tiere werden hier nicht von Hand gefüttert und mit ein bisschen Geduld bieten sie, trotz ihrer natürlichen Scheu, einen deutlich natürlicheren Anblick, als dies in anderen Tierparks häufig der Fall ist. Falls vorhanden, nutzen Sie ein Fernglas. Im Hintergrund ist übrigens der Hagener Funkturm vom Anfang Ihres Weges zu entdecken.

Unmittelbar nach dem Damwildgehege befinden sich Bäume am Wegesrand, die zwar gefällt wurden, aber offensichtlich weiterleben wollen, welch beeindruckender Anblick.

BLICK IN DIE STERNE UND DIE FERNE

Als letzten der drei Türme erreichen Sie den 8 **EUGEN-RICHTER-TURM.** Der Platz, auf dem er steht, strahlt eine angenehme Ruhe aus und lädt erneut zum Verweilen ein. Der liberale Hagener Politiker Eugen Richter war einer der größten Gegner des Reichskanzlers Bismarck und so ist es kein Zufall, dass dieser Turm Richter zu Ehren auf einem höheren Bergrücken dem Bismarckturm gegenüber errichtet wurde. Dies geht auf die Initiative der Freisinnigen Volkspartei zurück und 1911 wurde der Turm als letzter der drei Türme mit einer Aussichtsplattform auf der Spitze eingeweiht. Der Schlüssel zum Turm befindet sich in der unmittelbar daneben liegenden Hagener 9 **STERNWARTE** und ist zu deren Öffnungszeiten mit etwas Glück zu bekommen.

Nachdem Sie den Eugen-Richter-Turm und die Sternwarte hinter sich gelassen haben, sind linker Hand des Weges eine nach hinten versetzte Bank und Blaubeersträucher zu finden. Auch winzige Eichen wachsen hier heran und bieten einen hübschen Anblick. Der Weg bzw. die Straße führt Sie nun in Serpentinen Richtung Hagen zurück und gegen Ende bietet sich erneut eine fantastische Aussicht. Hier wurde jüngst eine originelle 10 **HOLZBANK** errichtet, welche die drei Türme darstellt.

AM WEGESRAND

PLATZ FÜR KREATIVITÄT

Sie können am Horizont sogar die Ruine der Hohensyburg bzw. das Kaiser-Wilhelm-Denkmal deutlich erkennen. Luftlinie liegen diese in etwa 9 km Entfernung.

Stetig bergab, vorbei an einem Wanderparkplatz, geht es nun wieder Richtung Hagener Stadtgarten.

Genießen Sie zum Abschluss den Weg durch den Park und lassen den Tag Revue passieren. Vielleicht möchten Sie auch heute etwas in Ihr Tagebuch eintragen. Welche Anblicke haben Ihnen besonders gefallen? Was ist Ihnen aufgefallen? Schreiben Sie es gerne nieder, so können Sie sich auch lange Zeit später beim Lesen die Bilder wieder in den Kopf rufen.

WEITERE INFOS:

→ www.3tuermeweg.de
Öffnungszeiten und Preise: www.restaurant-kaiser-friedrich-turm.de

TOUR 5
LAUSCHIGES PLÄTZCHEN

MEDITATIVE AUSZEIT AM WEINBERG

DORTMUND – UMWELTKULTURPARK

Weinberg, Kräutergarten, Streuobstwiesen und stille Wege laden zu einer kurzweiligen Auszeit ein. Der Park, der auch einen Permakulturgarten enthält, bietet eine wunderbare Möglichkeit für eine verlängerte Pause von ein bis zwei Stunden in fußläufiger Entfernung der Universität.

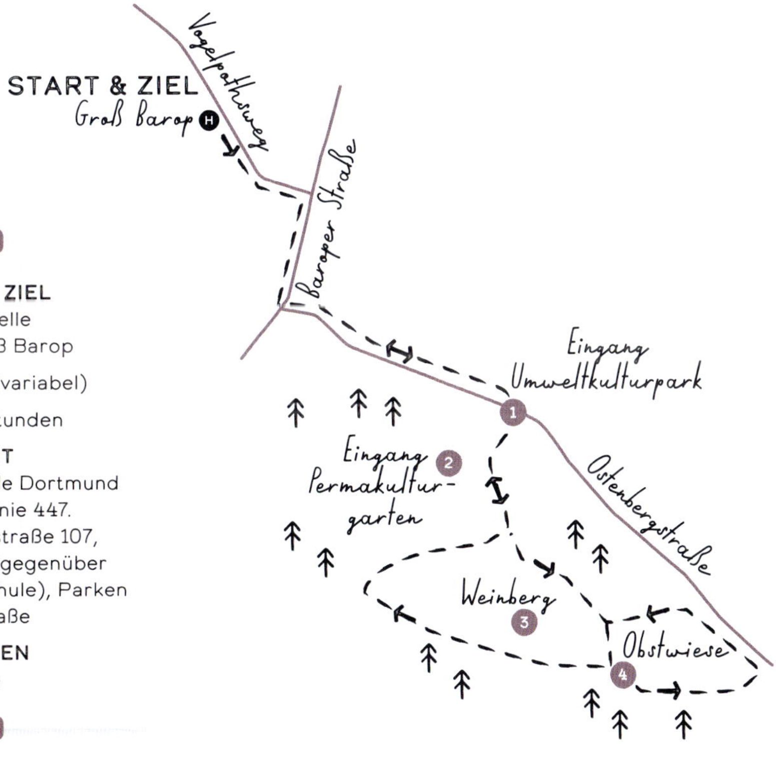

START & ZIEL
Groß Barop
Vogelpothsweg
Baroper Straße
Eingang Umweltkulturpark 1
Eingang Permakulturgarten 2
Ostenbergstraße
Weinberg 3
Obstwiese 4

START UND ZIEL
Bushaltestelle Dortmund Groß Barop

DISTANZ 2 km (variabel)

DAUER 1–2 Stunden

ANFAHRT
ÖPNV: Bushaltestelle Dortmund Groß Barop, Linie 447.
PKW: Ostenbergstraße 107, 44227 Dortmund (gegenüber katholischer Hochschule), Parken an der Straße

MITNEHMEN
Lektüre

Von der Haltestelle »Groß Barop« laufen Sie Richtung Südosten, biegen dann rechts ab, die nächste links und schon befinden Sie sich auf der Ostenbergstraße. Nach insgesamt gut fünf Laufminuten geht es nach rechts in den ❶ UMWELTKULTURPARK. Es ist eine große Informationstafel mit Karte angebracht, die die Orientierung sehr einfach macht. Früher befand sich auf dem Gelände des UmweltKulturParks Ackerfläche, nach dem Bau der Universität wurde der Park als Ausgleichsfläche angelegt. Lediglich ein kleiner Teil, der ❷ PERMAKULTURGARTEN, ist nicht ständig begehbar - von ihm bekommen Sie jedoch auch beim Blick über die Hecken einen Eindruck. Vielleicht fragen Sie sich dann, ob das nicht alles ziemlich durcheinander ist? Richtig! Und das aus gutem Grunde. Mitte der 1970er-Jahre wurde von den Australiern Bill Mollison und David Holmgren das Konzept der Permakultur entwickelt, das natürlichen Ökosystemen nachempfunden ist.

Der ständig geöffnete Teil des Parks bietet einen schönen Rundweg und viele Erholungsbänke.

Der Park ist mit seinen zwölf Hektar überschaubar groß, aber nicht »durchschaubar« aufgrund seines dichten Grüns. Nehmen Sie sich ein gutes Buch mit, welches vielleicht schon längere Zeit zum Lesen bereitliegt, und suchen sich ein schönes Plätzchen, z. B. mit Blick auf die Obstwiesen.

NATURWISSEN

PERMAKULTURGARTEN

Die Idee der Permakultur ist, die natürlichen Ökosysteme und Kreisläufe in der Natur genau zu beobachten und nachzuahmen. Die gegebenen Verhältnisse vor Ort wie Boden und Klima werden optimal genutzt. Für die Anlage eines solchen Gartens wird berücksichtigt, wo es feucht oder trocken bzw. wo es windig, schattig oder sonnig ist. Diese Voraussetzungen werden unter Berücksichtigung der natürlichen Ressourcen Sonne, Wasser, Wind und Bodenleben bestmöglich verwendet. Wenn ein solcher Permakulturgarten gut an die Gegebenheiten angepasst ist, ist er schon allein hinsichtlich der Bewässerung relativ pflegeleicht. Außerdem findet eine Selbstaussaat statt. Die Gemüsepflanzen suchen sich selbst ihren optimalen Platz und werden nicht gezwungen, sich irgendwo anzupassen. Im Umweltkulturpark befinden sich z. B. der Sibirische Kohl, Feldsalat, das Lauchhellerkraut und viele andere selbstaussäende Pflanzen.

Ein besonders lauschiges Plätzchen befindet sich oberhalb des ❸ WEINBERGS. Es gibt Sitzmöglichkeiten und im Sommer endlos viele Pflanzen und Insekten, vor allem Schmetterlinge, Hummeln und natürlich

Bienen aus dem Bienenstock. Gehen Sie eine kleine Runde, vorbei an Bienenkästen und Kräutern, hier werden Ihre Sinne angeregt. Vor dem Holzhäuschen finden Sie nun einen schönen Platz zum Sitzen, an dem Sie mit Blick über den Weinberg die Seele baumeln lassen können.

Falls Sie noch nie meditiert haben, ist es für Sie vielleicht schwer vorstellbar oder Sie spüren eine schier unüberwindbare Hürde, es auszuprobieren. Heute möchte ich Sie einladen, es einfach mal zu tun. Viele Menschen denken, sie dürften beim Meditieren keine Gedanken haben. Weit gefehlt! Es geht lediglich darum, die Gedanken, die aufkommen, auch wieder ziehen zu lassen. An manchen Tagen können viele Gedanken vorhanden sein, an anderen weniger. Wichtig ist, sich überhaupt nicht unter Druck zu setzen, wie es sein sollte. Es ist, wie es ist, und das ist in Ordnung! Manchmal braucht es einen kleinen Anstoß von außen. Haben Sie Lust, es hier und heute auszuprobieren? Für wenige Minuten? Dann suchen Sie sich ein ruhiges Plätzchen, z. B. gleich hier oberhalb des Weinbergs oder auf einer der vielen Bänke. Wenn Sie möchten, stellen Sie sich einen angenehmen Weckerton nach fünf bis sieben Minuten, das reicht für den Anfang.

Erfreuen Sie sich auf Ihrem weiteren Weg an den riesigen **4 STREUOBSTWIESEN,** an Trockenmauern und Heckenlandschaften. Es existiert in diesem Park eine äußerst große Artenvielfalt.

MEDITIEREN

Setzen Sie sich aufrecht, aber bequem hin, legen Ihre Hände auf die Oberschenkel Richtung Knie und schließen Sie die Augen. Ihre Fußsohlen haben einen guten Kontakt zum Boden. Nehmen Sie nun Ihren natürlichen Atemrhythmus wahr. Spüren Sie, wie der Atem in Ihren Körper einströmt, wie sich Bauch und Brustkorb heben und wieder senken, ohne ihn forcieren zu wollen.

Sagen Sie innerlich beim Einatmen »Ich atme ein« und beim Ausatmen »Ich atme aus«. Dies hilft, den Fokus immer wieder auf den Atem zu lenken. Wenn Gedanken kommen, lenken Sie Ihren Fokus immer wieder aufs Atmen. Beim Klingeln des leisen, angenehmen Weckertons werden Sie überrascht sein, wie schnell die Zeit verging.

Atmen Sie dann noch mal bewusst ein und aus, öffnen Sie dann die Augen und bedanken sich bei sich selbst für die kleine Auszeit. Denn Meditieren ist genau das, eine Auszeit. Wenn Sie es wiederholen wollen, verlängern Sie die Zeit stetig auf zehn Minuten oder länger. Es sollte eine Dauer sein, die für Sie stimmig und realistisch umzusetzen ist.

SEEROSEN BEDECKEN DEN TEICH VOR DEM CAFÉ ORCHIDEE.

DÜNEN, KRÄUTER UND MAMMUTBÄUME

DORTMUND – ROMBERGPARK

Die heutige Tour durch den Rombergpark im Dortmunder Süden ist äußerst vielseitig. Neben verschiedenen Arboreten, Pflanzenschauhäusern, Kräutergarten und Lehrbienenstand bietet er sogar eine Dünenlandschaft.

START UND ZIEL
U-Bahn-Station
Dortmund Rombergpark

DISTANZ 3,8 km (variabel)

DAUER 2–3 Stunden

ANFAHRT
ÖPNV: U-Bahn-Station Dortmund Rombergpark, Linie U49
PKW: Am Rombergpark 55a, 44225 Dortmund

GUT ZU WISSEN
in großen Teilen barrierefrei, teils Stufen vorhanden

Egal ob an einem heißen Sommertag oder auch im Winter, der Park mit einer Fläche von etwa 68 Hektar ist ein fantastischer Ort für eine Auszeit. Machen Sie nach Belieben eigene Schlenker, es gibt unendlich viel zu entdecken. Die Wegbeschreibung bietet nur eine Möglichkeit, vielleicht wollen Sie sich auch einfach durch den Park »treiben« lassen – ohne getrieben zu sein.

VOM LANDSCHAFTSPARK ZUM BOTANISCHEN GARTEN

Ursprünglich war der Rombergpark ein Landschaftspark im englischen Stil. Gegründet wurde er in den Jahren 1820–1822 von der Adelsfamilie Romberg, 1927 erwarb ihn die Stadt Dortmund und es wurde der Botanische Garten angelegt und später erweitert.

Das Schloss Brünninghausen, oder auch Wasserschloss Romberg genannt, wurde um 1300 errichtet und gegen Ende 1944 bei Bombenangriffen, die auch den Botanischen Garten stark in Mitleidenschaft gezogen haben, zerstört. Lediglich das Torhaus von 1681 ist erhalten geblieben.

Die Stadt Dortmund beschreibt es auf Ihrer Website so: »Ein Botanischer Garten dient immer auch dem Artenschutz und der Arterhaltung. Vom Aussterben bedrohte Pflanzen finden hier ein Refugium. Es werden wissenschaftliche Erkenntnisse gewonnen und ausgewertet – eine Arbeit mit den Pflanzen für die Pflanzen.«

INNERES BILD

Sie können diese Übung heute ein oder mehrmals durchführen. Sie lautet »Inneres Bild«. Suchen Sie sich einen schönen Ausblick, einen Panoramablick oder auch einen Stein, einen Baum oder etwas Kleineres, z. B. eine Blume. Schließen Sie die Augen und lassen das Bild innerlich erscheinen. Wie sieht es aus, welche Details fallen Ihnen noch ein? Öffnen Sie die Augen wieder und betrachten es erneut. Schließen und öffnen Sie die Augen noch mehrere Male und ergänzen vor Ihrem inneren Auge das Bild um immer mehr Details. Es geht nicht um Perfektion, sondern um die Freude daran, das Bild in sich wirken zu lassen.

Die heutige Tour startet an der Haltestelle »Rombergpark«. Anfangs geht es wenige Minuten an der Straße »Am Rombergpark« entlang Richtung Südwesten. Am Parkplatz wendet man sich nach links und der Park ist bereits erreicht. Das ❶ TORHAUS des ehemaligen Wasserschlosses Brünninghausen liegt linker Hand. Folgt man dem Weg am Ufer des großen ❷ TEICHS erreicht man die »Riesenhände«. Dort befindet sich eine uralte Kastanie, ein Blick in den alten Stamm lohnt sich.

EHEMALIGES TORHAUS VON SCHLOSS BRÜNNINGHAUSEN

Es geht weiter am Teich entlang mit wunderschönen Aussichten bis hin zum Sumpf, in dem beeindruckende ❸ **SUMPFZYPRESSEN** stehen. Es folgt ein recht einsamer und sehr ruhiger Abschnitt auf kleinen Wegen durch den Wald. Ganz in der Nähe befindet sich der sogenannte geografische Teil des Parks mit verschiedenen Arboreten. Ein **ARBORETUM** ist eine auf Bäume beschränkte Sammlung. Hier sind nord- und südamerikanische, asiatische und auch europäische Bäume vorzufinden. Beeindruckend mit ihrer feuerresistenten Rinde sind die Mammutbäume, sie sind die höchsten Lebewesen der Erde. Fassen Sie die Rinde einmal an, es ist ein völlig anderes haptisches Erlebnis als bei einheimischen Bäumen.

Das Arboretum bietet die Möglichkeit, auf engstem Raum völlig unterschiedliche Bäume zu erleben. Viele Bänke laden zu Pausen ein. Weiter geht es Richtung Süden, wo

NATURWISSEN

INKOHLUNG

Unter anderem ist die deutsche Braunkohle aus Pflanzen wie z. B. Sumpfzypressen, Koniferen oder eben auch Mammutbäumen entstanden, die vor Jahrmillionen in Torfmooren versanken. Im Laufe der Erdgeschichte wurden diese mehrfach von Meeres- oder Flussablagerungen mit Sand oder Kies überdeckt. Es fand die sogenannte Inkohlung statt, das bedeutet die Umwandlung von Pflanzenresten durch Luftabschluss in Kohle.

der Dortmunder Zoo unmittelbar an den Rombergpark angrenzt. Hier wird die Talsohle des Parks durchschritten und man gelangt zum Glashaus mit weiterer Pflanzenvielfalt, in dessen Nähe sich das 4 CAFÉ ORCHIDEE befindet. In den hinteren Räumlichkeiten des Cafés befindet sich ein kleines Gewächshaus, in dem ein Abbild von Loki Schmidt die Besuchenden begrüßt. Die Ehefrau des ehemaligen Bundeskanzlers war eine große Naturliebhaberin und setzte sich stark für den Naturschutz ein.

EIN WAHRES LAVENDELMEER

BEEINDRUCKENDE PFLANZENVIELFALT

Nun geht es zur Zierkirschenallee, auch 5 STOFFREGENALLEE genannt, die sich im Nosearboretum befindet. Richard Nose (1881-1965) war der Leiter des Botanischen Gartens Dortmund und er plante das erste Arboretum von 1930-1933 im Rombergpark, das heute auch als **ALTES ARBORETUM** bekannt ist. Die eben erwähnte Stoffregenallee ist nach ihrem Stifter, dem Gärtner Stoffregen, benannt. Ab etwa Mitte April findet hier die Kirschblüte statt, die als absolutes Highlight bezeichnet werden kann. Wenn es Ihnen möglich ist, kommen Sie zu dieser Zeit, dann sind jedoch auch mehr Menschen hier. Die Zierkirschenallee wurde nach einem Pilzbefall komplett entfernt und 2009 erneuert. Der Name Stoffregenallee ist geblieben.

Im **ALTEN ARBORETUM** befinden sich viele weitere Bäume wie z. B. Walnussarten, Ebereschen und verschiedene Lindenarten. Absolut empfehlenswert ist auch das Englische Staudenbeet, welches in der Blütezeit fantastische Anblicke bietet. Riesige Blüten werden Sie zum Staunen bringen. Fast zum Ende hin führt der Spaziergang in den 6 KRÄUTERGARTEN. Hier lohnt es sich,

etwas länger zu verweilen und sich von dem Duft von Lavendel, Mädesüß, Kamille und vielem mehr betören zu lassen. Der Kräutergarten ist großzügig angelegt und es gibt mehrere Bänke. Schnuppern Sie an verschiedenen Kräutern und regen auf diese Weise Ihre Sinne an. In der Nähe befindet sich auch der Lehrbienenstand. Sollten Sie nun den Eindruck haben, gefüllt mit Bildern im Kopf, Gerüchen in der Nase und vielleicht auch einer Stärkung im Magen, den Tag eigentlich schon beschließen zu können, so kommt jetzt jedoch noch ein besonderer Höhepunkt: Die Moor- und 7 **DÜNENLANDSCHAFT** erwartet Sie. Im Oktober 2018 wurde nach rund viermonatiger Bauzeit diese Dünenlandschaft eröffnet.

Die Bepflanzung fand mit Strandhafer, Sanddorn, Strandrosen und -nelken sowie vielen anderen typischen Dünenpflanzen statt. Das Moor- und Heidebiotop wurde bereits 1988 angelegt und umfasst eine Fläche von 7000 qm. Hier steht eine sogenannte Moorkate (»Hütte im Moor«) und hält Informationsmaterial und Schautafeln bereit, die einen Einblick zur Entstehung und Entwicklung des Lebensraums Moor geben. Es handelt sich um das größte künstlich angelegte Moor Europas und es ist einmalig in seiner Art: Es beinhaltet eine typische Heidelandschaft mit Moorbirken, Sumpfporst (Heidekrautgewächs), Fleischfressendem Sonnentau, Pfeifengras, Wollgräsern, Besen- und Glockenheide.

Auf weichen Sandwegen lässt sich fast ein bisschen Nordseefeeling empfinden. Beeindruckend ist das Moorauge, welches vor allem am Morgen oder Abend wunderschön glitzert.

Durch ein kleines 8 **TOR** können Sie den Rombergpark verlassen, um so wieder zur Hauptstraße »Am Rombergpark« und zur o.g. U-Bahn-Station zu gelangen.

OSTFRIEDHOF – GRAB DER FAMILIE TREECK

EINE OASE DER RUHE

DORTMUND - OSTFRIEDHOF

Vor allem historische Friedhöfe bieten eine Oase der Ruhe und können eine große Faszination ausüben. Der Ostfriedhof ist wie geschaffen, um Besinnung zu finden und gleichzeitig einen äußerst interessanten Ort zu entdecken. Ein »Muss« für Liebhaber alter Friedhöfe und wer noch keiner ist, wird es hier werden.

START UND ZIEL
Bushaltestelle/U-Bahn-Station Dortmund Funkenburg

DAUER ca. 1,5 Stunden

ANFAHRT
ÖPNV: Bushaltestelle/U-Bahn-Station Funkenburg, Linie 455/Linie U 43
PKW: Ostfriedhof, Robert-Koch-Straße 35, 44143 Dortmund

Weitläufigkeit und Ruhe laden zur Besinnung ein.

Von der U-Bahn-Station gehen Sie Richtung Süden durch die Melanchthonstraße, am Ende wenige Meter nach links und der Haupteingang des ❶ OSTFRIEDHOFS ist erreicht. Der Friedhof ist weitläufig, verfügt über sehr alte Baumbestände und auch ein Naturdenkmal ist zu finden. Große Wiesenflächen mit Bänken laden ein, Besinnung zu finden. Zu allen Jahreszeiten besticht der Ort durch seine Weitläufigkeit und bietet eine Oase der Ruhe. Traumhafte, menschenleere Alleen liegen vor Ihnen und man hat das Gefühl, durch ein Freilichtmuseum oder durch einen Skulpturenpark zu gehen. Auch ohne Lageplan werden Sie sich trotz einer Größe von etwa 16 Hektar kaum verlaufen. Möchten Sie das Naturdenkmal aufsuchen, gehen Sie nach Betreten des Friedhofs durch den Haupteingang an der ersten Möglichkeit links und dann geradeaus. Plötzlich liegt die beeindruckende alte Platane mit einer interessanten Inschrift vor Ihnen.

SKULPTUREN UND GRABMALE

Die Grabmale des Dortmunder Ostfriedhofs sind Zeugnisse der Zeitgeschichte. Sowohl die Einstellung zum Tod als auch die Haltung von Religion und Gemeinde werden hier deutlich. Die Skulpturenvielfalt ist ein Spiegel des handwerklichen Wissens und Könnens von Künstlern, Bildhauern, Steinmetzen und Bronzegießern.

Der Friedhof wurde 1876 in einem Stadtteil angelegt, in dem viele für die Stadt Dortmund wichtige Industriellenfamilien lebten. Sie hatten die Stadt- und Wirtschaftsgeschichte stark geprägt und ihre Gräber spiegeln die Geschichte Dortmunds wider. Viele der historischen Grabstätten sind äußerst beeindruckend und können als feudal bezeichnet werden. Der Ostfriedhof war der zweite kommunale Friedhof Dortmunds nach dem Westtotenhof (dem heutigen Westpark), welcher bereits seit 1811 besteht. Zu diesen Zeiten hatte die Stadt Dortmund etwa 4000 Einwohner, um 1870 waren es dann schon über 50 000 und ein weiterer Friedhof wurde benötigt. Es finden sich Kunstwerke aus dem Neoklassizismus und dem Jugendstil sowie aus der Gründerzeit und Biedermeierzeit.

AUF DEN SPUREN VON DORTMUNDER GRÖSSEN

Schlendern Sie über die Wege, verlassen Sie auch die Hauptwege und tanken Grün, welches hier satt wächst. Sie können durchatmen, in die Vergangenheit eintauchen und künstlerische Meisterwerke bestaunen. Vor allem ohne Plan kann es sehr entschleunigend und wohltuend sein, sich über den Friedhof treiben zu lassen.

Viele lokale Größen, wie z. B. der Gründer des Stahlwerkes **HOESCH** sind auf diesem

WEITLÄUFIGE PARKANLAGE OSTFRIEDHOF

Friedhof begraben. Auf dem Hauptweg auf der rechten Seite liegt nach wenigen Hundert Metern das Familiengrab Hoesch. Albert Hoesch verstarb 1898 mit 51 Jahren. Etwa 20 Prozent der Dortmunder Erwerbstätigen waren damals bei Hoesch beschäftigt. Anhand der Lebensdaten seiner Kinder ist zu erkennen, dass auch privilegierte Familien damals nicht von der sehr hohen Kindersterblichkeit verschont blieben.

Man hat das Gefühl, durch einen Skulpturenpark zu gehen.

Der Künstler **BENNO ELKAN** verewigte sich mit heute noch etwa sieben vorhandenen Grabmälern auf diesem Friedhof. Er wurde 1877 als Sohn eines jüdischen Kaufmanns geboren und hat auch auf dem jüdischen Teil des Friedhofs gewirkt, der 1898 angelegt, jedoch im Zweiten Weltkrieg stark zerstört und ab 1945 wiederhergestellt wurde. Das noch vorhandene, von ihm gestaltete Grabmal von **ALEX MENDELSOHN** ist hier zu finden. Es ist eine Seltenheit, dass Menschen auf jüdischen Grabmälern dargestellt werden. Auf diesem Grabstein ist eine kniende Frau abgebildet, die das Gesicht in den Händen vergräbt. Es handelte sich um eine liberale jüdische Gemeinde, die Menschendarstellungen zuließ.

Fast alle der Gräber am Hauptweg waren ursprünglich von Metallgittern eingefasst. Während des Zweiten Weltkrieges wurden die meisten davon abgebaut und für die Rüstungsindustrie verwendet, ebenso wie viele der gusseisernen Grabmale. Das Metallgitter des Familiengrabs der Dortmunder **FAMILIE PELZER** (der Ingenieur Friedrich Pelzer hatte 1884 den sogenannten Pelzer-Ventilator erfunden) blieb davon verschont, handelte es sich doch um eine künstlerisch besonders wertvolle Einfassung, die den Neoklassizismus und den Jugendstil nahezu perfekt vereint.

Ein mythenumwobenes Grab mit engelsgleicher Darstellung ist das Kindergrab der **CAROLA LÜTZELER.** Als Siebenjährige verstarb das vermutlich einzige Kind der Familie im Jahre 1876. Seit vielen Jahren wird das Grab regelmäßig mit roten Rosen oder auch anderen Blumen bestückt, jedoch ist nicht bekannt, wer das Grab auf diese Weise regelmäßig schmückt. Das Kindergrab hat auf diese Weise einen hohen Bekanntheitsgrad erlangt.

OTTO TAEGLICHSBECK war ein sehr erfolgreicher preußischer Grubenbesitzer. Er befasste sich mit Arbeiterwohlfahrt und die Arbeitsbedingungen der damaligen Knappen verbesserten sich ständig. Taeglichsbeck war später Direktor des Dortmunder Bergamtes. Das Grabmal stellt einen Knappen in trauernder Haltung dar. Auch gesellschaftlich und politisch hatte er eine wichtige Rolle. Er war einige Jahre Abgeordneter im Reichstag in Berlin.

KASPAR HEINRICH VON JUCHO und sein Bruder gründeten eine bekannte

OTTO TAEGLICHSBECK

Brückenbau-AG. Es war eines der wichtigsten Dortmunder Unternehmen in der zweiten Hälfte des 19. Jahrhunderts. Lange vor seinem Tode hat Jucho 1889 dieses Grabmal bei der Weltausstellung in Paris erworben. Es dürfte sich dabei um eines der wertvollsten Kunstwerke auf diesem Friedhof handeln. Zu sehen ist eine verschlossene Tür, vor der eine Frau mit brennender Öllampe einen Mann in Arbeitskleidung am Arm führt, wohl ein Symbol für die Überführung ins Jenseits. Das Medaillon mit Juchos Porträt individualisierte nach seinem Tode das Grabmal, auf dem sich folgende Inschrift findet: »Und ist es köstlich gewesen, so ist es Mühe und Arbeit gewesen«, sicherlich ein Leitsatz der damaligen Zeit.

Ein besonders beeindruckendes Grabmal ist das der **FAMILIE TREECK.** Es stellt eine vollplastische Figur einer Trauernden dar. Das Unternehmen Karl Treeck begann 1867 mit einer Schlosserei, später wurden Kochherde fabriziert. Das Unternehmen gilt als eine der vielen Dortmunder Erfolgsgeschichten.

Der Übergang vom 19. ins 20. Jahrhundert ist geprägt vom Historismus und Jugendstil. Im Grabmal von **JOHANNES LÖHRS,** Propst der Propstgemeinde, der hier 1904 beerdigt wurde, kommt beides zum Ausdruck, vor allem die Neoromanik. Ganz der Auffassung der Romanik entsprechend ist hier auch Jesus dargestellt: gekrönt wie ein König in einer Siegerhaltung.

Ein besonderes Grab ist das von **ELISABETH RUHFUS.** Es ist das einzige Kindergrab aus dieser Zeit, das inklusive der Metalleinfassung vollständig erhalten geblieben ist. Die Firma Ruhfus war damals bekannt für eine Druckerei und den Verlag des Dortmunder General-Anzeigers.

Auch Bruder **JORDAN MAI** war von 1922 bis 1950 hier beigesetzt. Seine Gebete galten als besonders wirksam. 1950 wurde der Prozess zur Seligsprechung angestoßen, seitdem ruht er unter einer vollplastischen Figur im gegenüberliegenden Franziskanerkloster (weitere Infos im Kapitel »Franziskanerkirche«, S. 49).

Ihr Rückweg führt zuerst zur ❷ **FRANZISKANERKIRCHE,** dann durch die Franziskanerstraße vorbei an der ❸ **BUSHALTESTELLE FUNKENBURG,** zurück zu Ihrem Startpunkt.

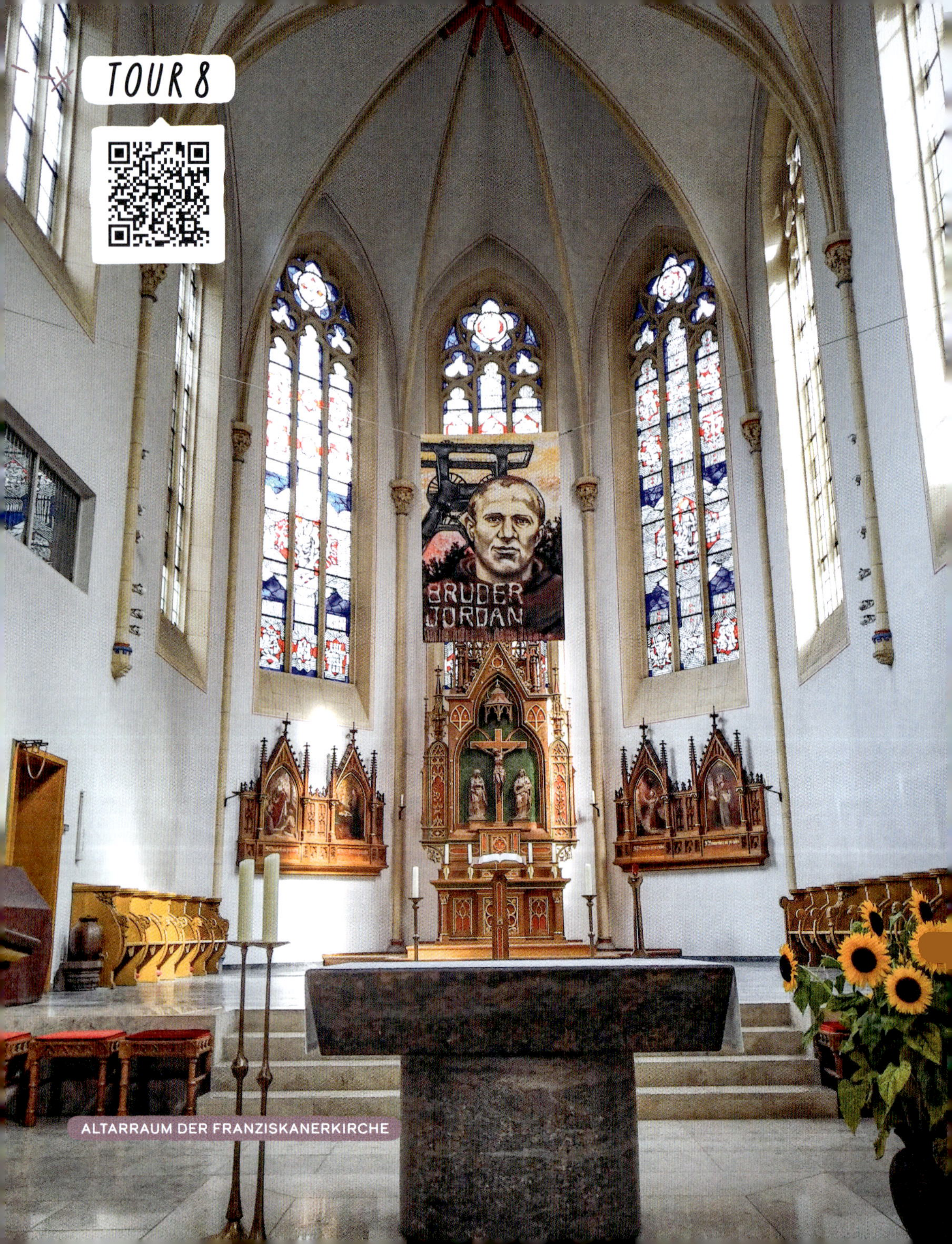

ALTARRAUM DER FRANZISKANERKIRCHE

MEDITATIVE RUHE IN KIRCHLICHEN HALLEN

DORTMUND - FRANZISKANERKIRCHE

Helle, freundliche Kirchenräume empfangen Sie in der zentral gelegenen Franziskanerkirche und ermöglichen eine stille, kurzweilige Auszeit. Die Kirche kann als Wallfahrtsort bezeichnet werden, liegen doch die Gebeine von Bruder Jordan hier, der auch heute noch viele Menschen anzieht.

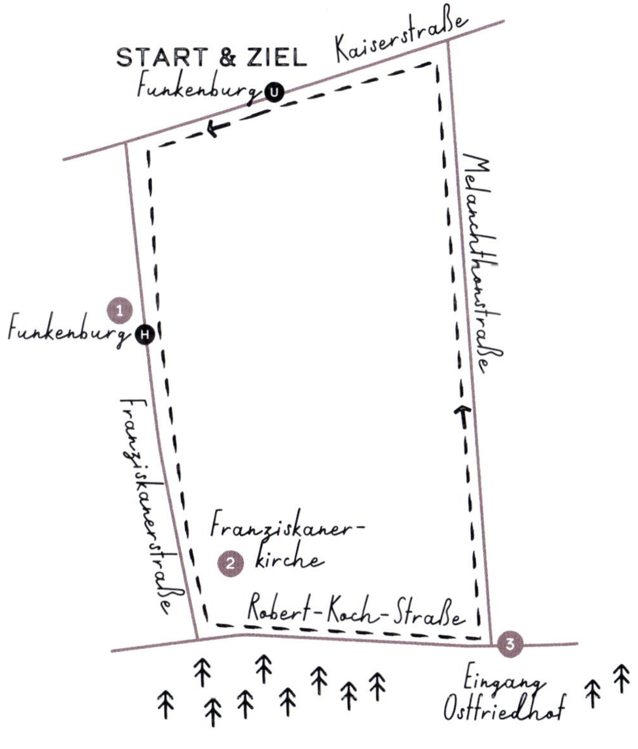

START UND ZIEL
Bushaltestelle/U-Bahn-Station Dortmund Funkenburg

ANFAHRT
ÖPNV: Bushaltestelle/U-Bahn-Station Dortmund Funkenburg, Linie 455/U 43
PKW: Franziskanerstraße 1, 44143 Dortmund

Von der U-Bahn-Station laufen Sie Richtung Süden durch die Franziskanerstraße an der ❶ BUSHALTESTELLE »Funkenburg« vorbei und erreichen nach wenigen Minuten die ❷ FRANZISKANERKIRCHE, die offiziell den Namen St. Franziskus trägt.

EIN BLICK AUF DIE GESCHICHTE DER KIRCHE

Es handelt es sich um eine dreischiffige Basilika im neugotischen Stil mit einem zweijochigen Chor. Franz von Assisi gilt als ihr Schutzpatron. Sie liegt recht zentral im Osten der Innenstadt. Da im 19. Jahrhundert viele Katholiken aus Polen oder auch dem Münster- und Sauerland nach Dortmund zogen, entschied der Propst der Propsteikirche, einen Standort für das Franziskanerkloster in der Stadt zu finden, um die Seelsorge vor Ort zu gewährleisten. Somit kamen 1895 bereits zum zweiten Mal die Franziskaner nach Dortmund, nachdem 90 Jahre zuvor das erste Franziskanerkloster aufgehoben wurde. Nach anderthalbjähriger Bauzeit wurde das Kloster 1902 fertiggestellt. Anfangs war es die Klosterkirche der Franziskaner, später entstand eine selbstständige Filialkirchengemeinde. 1944 wurden Teile der Kirche stark zerstört und das Gewölbe des Mittelschiffs stürzte ein. 1959 wurde sie zur Pfarrei St. Franziskus und Antonius erhoben. Derzeit leben noch vierzehn Brüder im Franziskanerkloster.

Drei Chorfenster aus dem Jahr 1987 stellen Szenen aus dem Leben des heiligen Antonius von Padua dar. Auch Szenen aus dem Leben des heiligen Franz von Assisi und Jordan Mais sind zu sehen. Besonders hohen Stellenwert hat das Grab von Bruder Jordan Mai im Südschiff der Kirche. Wer war der Franziskanerbruder Jordan und warum wird er bis heute so stark verehrt? Bruder Jordan Mai wurde am 1. September 1866 in Gelsenkirchen-Buer geboren, am 20. Februar 1922 verstarb er im Franziskanerkloster. Sein Grab auf dem nahe gelegenen Ostfriedhof wurde eine wahre Wallfahrtsstätte. Zahlreiche Menschen kamen, um aufgrund von Krankheit und anderen Nöten und Sorgen um seine Fürsprache zu bitten. Ursprünglich hatte Bruder Jordan das Sattler- und Gerberhandwerk erlernt und hatte Militärdienst geleistet. Mit 28 Jahren entschied er sich jedoch, Franziskaner zu werden. 1907 kam er nach vorherigen Stationen u. a. in Neviges, Münster und Paderborn nach Dortmund. Er litt unter verschiedenen Krankheiten und seine Arbeitsleistung war sehr stark eingeschränkt. Seine Leiden nahm er als Willen Gottes an und verpflichtete sich frühzeitig, das Leiden anderer Menschen zu lindern. Bergarbeiter, Kranke und Notleidende des Ersten Weltkrieges erhielten seine Gebete, denen eine besonders starke Wirkung zugesprochen wurde, was zu seiner hohen Verehrung führte. Zu den heutigen Aufgaben der Gemeinde gehört unter anderem die Unterstützung von Obdachlosen.

Im Januar 1922 fand ein Tabernakelraub in der Kirche statt, es wurden also geweihte

AUSSENFASSADE MIT CORPUS CHRISTI

Hostien geraubt, was als schwere Sünde angesehen wurde. Bruder Jordan bot Gott sein Leben als Sühne an und er verkündigte, innerhalb eines Monats von Gott geholt zu werden. Etwa vier Wochen später verstarb er. Unmittelbar nach seinem Tode setzte die hohe Verehrung von ihm ein. Aufgrund des äußerst hohen Pilgeraufkommens auf dem Dortmunder Ostfriedhof, auf dem Bruder Jordan beerdigt war, wurden seine Gebeine 1950 in die Franziskanerkirche umgebettet. Außerdem wurde der Prozess zur Seligsprechung eingeleitet. Es fehlt nur noch die Anerkennung eines Wunders, um diesen abzuschließen. Die Akten zu dem Vorgang liegen in Rom.

ATEMÜBUNG

Suchen Sie sich einen angenehmen Sitzplatz, nehmen eine bequeme aufrechte Haltung ein, legen die Hände auf Ihre Oberschenkel und atmen bewusst ein und aus. Nach einer Weile beginnen Sie, länger aus- als einzuatmen. Zählen Sie z. B. beim Einatmen von eins bis vier und beim Ausatmen von eins bis sieben. Das längere Ausatmen wirkt sich auf das vegetative Nervensystem aus und führt zu einer Beruhigung von Geist und Körper. Mit ein klein wenig Übung können Sie mit dieser Übung auch im Alltag schnell Entspannung und innere Ruhe finden.

EINKEHR VON RUHE UND STILLE

Nach Betreten der Kirche werden Sie von einem stilvollen, unprätentiösen Raum empfangen, der durch seine Schlichtheit, Klarheit und Helligkeit besticht - ein wunderbarer Ort, um Ruhe zu finden. Lassen Sie die Atmosphäre der Kirche auf sich wirken. Vielleicht haben Sie vorher den nahe gelegenen ③ OSTFRIEDHOF besucht und möchten sich nun ausruhen oder einen weiteren inspirierenden Ort erleben. Diese Kirche bietet ein Gefühl von Weite. Halten Sie inne und nutzen Sie die Gelegenheit für eine Atemübung.

Nehmen Sie sich noch Zeit, um den neu gestalteten Altar und die verschiedenen Skulpturen, beispielsweise von den Heiligen Antonius und Franziskus, zu betrachten. Lassen den Besuch der Kirche in Ruhe ausklingen und nehmen Sie die innere Ruhe und Kraft mit in Ihren Alltag.

ÜBER DER RUHR THRONT DER VINCKETURM

FERNSICHTEN UND MITTELALTERLICHE GESCHICHTE

DORTMUND – HOHENSYBURG

Bereits nach den ersten Höhenmetern werden Sie durch fantastische Aussichten belohnt. Ebenso machen Einblicke in die mittelalterliche Geschichte die heutige Tour zu einem einprägsamen Erlebnis. Die Hohensyburg, das Kaiser-Wilhelm-Denkmal und die älteste Kirche Dortmunds erwarten Sie.

START UND ZIEL
Bushaltestelle
Hagen Hengsteysee

DISTANZ 4–5 km

DAUER 2,5 Stunden oder länger

ANFAHRT
ÖPNV: Bushaltestelle
Hagen Hengsteysee, Linie 512
PKW: Dortmunder Straße 100,
58099 Hagen (Parkplatz);
direkt zur Burg, ohne Wanderung: Hohensyburgstraße 200,
44265 Dortmund

MITNEHMEN
Fernglas, sofern vorhanden

GUT ZU WISSEN
Das Areal der
Hohensyburg ist
teilweise barrierefrei,
der beschriebene
Weg jedoch nicht.

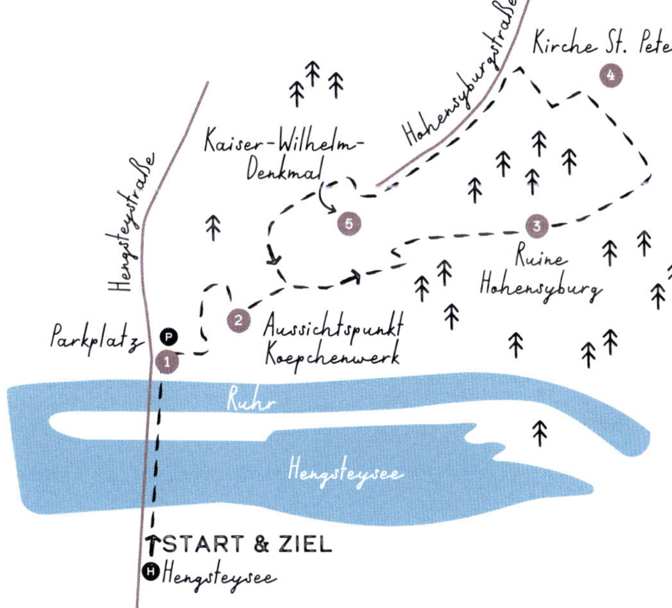

Von der Haltestelle »Hengsteysee« geht es zunächst über die Ruhr, die den Hengsteysee speist. Bereits von hier aus bieten sich großartige Blicke über den See, ebenso auf das Kaiser-Wilhelm-Denkmal, welches weit über Ihnen thront. Aber keine Sorge, der Aufstieg sieht von hier aus sehr viel steiler und langwieriger aus, als er es tatsächlich ist. Auch heute sind Sie eingeladen, Tempo herauszunehmen und den Weg bereits als Ziel zu betrachten. Nach Überquerung der Ruhr bzw. des Hengsteysees wenden Sie sich beim ❶ PARKPLATZ rechts und nach etwa 50 m bei einer Wandertafel nach links, nun immer leicht bergauf. Die Strecke bis zum Gelände der Hohensyburg ist ab hier in 20 Minuten zu bewältigen, lassen Sie sich gerne sehr viel mehr Zeit und genießen Sie jeden einzelnen Schritt. Es gibt unterwegs viel zu entdecken, seien es Fernblicke oder Steinbrüche am Wegesrand.

Nach wenigen Minuten ist ein guter ❷ AUSSICHTSPUNKT zum Koepchenwerk, welches im Westen liegt, erreicht. Es handelt sich um ein Pumpspeicherwerk in Herdecke. Erbaut von 1927 bis 1930 diente es bis 1994 der Stromversorgung des Ruhrgebiets. Am Steilhang des Ardeygebirges gelegen, mit direktem Zugang zum Hengsteysee, hatte das Vorhaben beste Voraussetzungen. Das Wasser wurde aus dem See nach oben in gut 160 m Höhendifferenz gepumpt, in einem riesigen Becken gesammelt und in Zeiten des erhöhten Strombedarfs strömte das Wasser über Turbinen zurück in den See, wodurch Strom erzeugt wurde. Leider wurden dabei auch Fische mit auf die unge-

MEDITATIVES BERGAUFGEHEN

Setzen Sie langsam und aufmerksam einen Schritt vor den anderen. Versuchen Sie Ihr Ein- und Ausatmen auf jeweils etwa 2–4 Schritte zu verteilen. Die Anzahl der Schritte auf einen Atemzug darf sich im Laufe des Weges durchaus verändern. Ziel ist es, einen Geh- und Atemrhythmus zu finden, der sich angenehm anfühlt, ohne außer Atem oder ins Schwitzen zu geraten. Sie können diesen Anstieg somit als Gehmeditation erleben und werden merken, eine Steigung lässt sich ohne Anstrengung bewältigen. Der Kopf kann abschalten und frei von Gedanken werden. Sie sind ganz in Hier und Jetzt mit der Haltung »Wenn ich gehe, dann gehe ich.«

ALTE MAUERN UND WEITE AUSBLICKE

wollte Reise genommen, was diese oft nicht überlebten. Der Seewasserspiegel konnte in kürzester Zeit um 70 cm schwanken, was wiederum für brütende Vögel eine große Erschwernis war. Als das Koepchenwerk zunehmend technische Probleme bekam, wurde 1985 unmittelbar neben dem alten Werk mit dem Bau eines modernen Pumpspeicherwerks begonnen. Das Koepchenwerk befindet sich seit 2017 als Denkmal im Besitz der Stiftung »Industriedenkmalpflege und Geschichtskultur«. Halten Sie sich auf Ihrem weiteren Weg immer rechts.

Der Weg führt am sogenannten »Schulmeister-Steinbruch« vorbei. Der Name rührt daher, dass sich früher Schulmeister mit dem Abbau von Steinen ihr Gehalt aufbessern durften.

Oben angekommen gehen Sie am achteckigen neugotischen »Vincketurm«, dem höchsten Punkt Westfalens, vorbei. Unmittelbar hinter dem Turm befindet sich die

NATURWISSEN

GEBIRGSARTEN

Es handelt sich beim Ardeygebirge um ein Faltengebirge, wie auch die Alpen eines sind. Vor 300 Millionen Jahren stieg es aus dem Karbonmeer auf.

Der meist bewaldete Höhenzug ist ein Schiefergebirge, welches sich von Unna über Dortmund bis in den Ennepe-Ruhr-Kreis erstreckt. Vielerorts ist in dieser Region jedoch kein reiner Schiefer vorhanden, sondern geschieferte, sandige Tonsteine sowie Sandsteine, die häufig zum Gebäudebau genutzt wurden.

Burganlage 3 **HOHENSYBURG**, aus dem 12. Jahrhundert, also dem Hochmittelalter stammend. Sie ist in Dortmund die einzige Burg, die in einem solchen Zustand erhalten ist. Sie wurde auf dem Gelände einer ehemaligen sächsischen Fliehburg erbaut und spielte im Mittelalter bei den Kämpfen zwischen Franken und Sachsen eine große Rolle. Die Wallanlage, auf der sie sich befindet, ist etwa 12 Hektar groß. Die Burg wurde früh verlassen und im Gegensatz zu anderen Burgen fanden nach dem Ursprungsbau keine großen Veränderungen mehr statt. Die Burg besteht aus zwei Räumen, dem größeren Rittersaal und einem kleineren Raum. Früher hatte die Burg mindestens drei weitere Geschosse. Heute befindet sich ein Kriegerdenkmal für die Gefallenen beider Weltkriege im großen Raum. Die Räume wurden einst mit einer Kaminanlage in der Zwischenwand geheizt. Bei Sanierungsarbeiten fand man beim Auskratzen der Mauerfugen eine byzantinische Münze aus dem 10. Jahrhundert. Auf Hohensyburg fanden regelmäßig Markttage statt und es wird vermutet, dass die Münze von Markthändlern hier versteckt wurde. Im kleinen Raum sind zwei Nischen im gotischen Stil in der Wand zu sehen, welche erst später entstanden. Lassen Sie die Ruine mit ihrem dicken Mauerwerk in Ruhe auf sich wirken, bevor sie weitergehen.

Der Aufstieg zur Burg lässt sich gut mit einem Besuch der romanischen 4 **KIRCHE ST. PETER** verbinden, die in unmittelbarer Verbindung zur Burg steht. Sie war Bestandteil der Hohensyburger Vorburg. Im Zuge der Christianisierung eroberte Karl der Große 775 die sächsische Wallburg Sigiburg. Hoch auf einem Felsvorsprung gelegen, handelt es sich bei der Kirche bis heute um eine weithin sichtbare Landmarke, erbaut aus Sandstein. Es ist möglich, dass die ursprüngliche Kirche bereits vor der Hohensyburg erbaut wurde.

Auf dem historischen Friedhof der Kirche befindet sich eine Vielzahl von Grabsteinen, es handelt sich um den ältesten Totenhof in der weiten Umgebung. Die Grabsteine

PANORAMA ÜBER DEN HENGSTEYSEE

ST. PETER ZU SYBURG

wurden häufig von Tagelöhnern beschriftet, was aufgrund mangelnder Schreibkenntnisse oder bei ausbleibendem Lohn dazu führte, dass Inschriften unvollständig blieben oder sich Fehler einschlichen. Teilweise hört mitten in der Inschrift der Text auf. Nehmen Sie sich Zeit, die Grabsteine etwas genauer zu betrachten. Vielleicht haben Sie auch Muße, mit einer sachkundigen Führung durch die Kirche noch tiefer in deren Geschichte einzutauchen.

Den Rückweg können Sie nun mit dem Besuch des 5 **KAISER-WILHELM-DENKMALS** verbinden. Dieses wurde von 1893 bis 1902 erbaut. Es ist eine Freude, von hier oben erneut die Fernsicht zu genießen.

Das Gelände der Hohensyburg zieht zwar nicht wenige Besucher an, zu Sonnenuntergang jedoch befinden sich nicht mehr viele Menschen auf dem Plateau und vor allem vom Kaiser-Wilhelm-Denkmal bietet sich ein wunderschöner Blick nach Westen. Denken Sie jedoch an den Abstieg, den Sie nicht im Dunklen gehen sollten.

Zurück geht es entweder über denselben kürzeren Weg, den Sie gekommen sind, oder Sie machen noch einen Schlenker nach Norden.

WEITERE INFOS:

- www.industriedenkmal-stiftung.de
- www.ev-kirche-syburg-hoechsten.de

LICHTDURCHFLUTETE INNENRÄUME MIT KLAREN LINIEN

KOSTENLOSER KUNST-GENUSS

ESSEN - MUSEUM FOLKWANG

Bei diesem Ausflug geht die Inspiration von Skulpturen und Gemälden aus - eine wunderbare Ergänzung zu sonstigen Naturerfahrungen unter freiem Himmel. Tauchen Sie tief ein in die Kunstwerke und vergessen die Welt um sich herum. Die Auswahl an Objekten ist groß und weniger ist mehr - vielleicht kommen Sie erneut an diesen anregenden Ort.

START UND ZIEL
Essen Hauptbahnhof

ANFAHRT
ÖPNV: Essen Hauptbahnhof, Entfernung 1,5 km; U-Bahnhaltestelle Essen Philharmonie, Linie U11, Entfernung 600 m
PKW: Museum Folkwang, Museumsplatz 1, 45128 Essen

GUT ZU WISSEN
barrierefrei; Eintritt in die Hauptsammlung ist kostenfrei

START & ZIEL
Essen HBF
Huyssenallee
1
Stadtgarten
Bismarckstraße
Rüttenscheider Straße
Hohenzollernstraße
Museum Folkwang
2

Im Jahr 1902 gründete Karl Ernst Osthaus das Kunstmuseum in Hagen, 1921 wurde die damalige Sammlung nach seinem Tod nach Essen verkauft. Sie befindet sich heute im Besitz des Folkwang-Museumsvereins und der Stadt Essen. In Zeiten des Nationalsozialismus fielen viele Werke unter den Begriff »Entartete Kunst« und wurden veräußert; später konnten durch Rückkauf einige Werke zurückgeholt werden. Das Museum umfasst sowohl Skulpturen als auch Fotografien, Gemälde und Grafiken. Unter dem Titel »Neue Welten« ist die Dauerausstellung abwechslungsreich und innovativ gestaltet. Das heutige Gebäude stammt aus dem Jahr 2010. Aufgrund der Unterstützung durch Stiftungen und der Stadt Essen ist es ermöglicht worden, einen freien Eintritt anzubieten. Somit ist Kunst jedem zugänglich, was für eine wunderbare Idee.

Diese kulturelle Auszeit eignet sich sowohl an Sonnen- als auch an Regentagen. Bei gutem Wetter ist es deutlich weniger voll. Mit einem kleinen Umweg können Sie den Weg vom Hauptbahnhof durch den Essener ❶ STADTGARTEN noch etwas grüner gestalten.

Sicher werden Sie »das« Kunstobjekt oder vielleicht auch mehrere Kunstobjekte finden, die Ihre persönliche Auszeit ausmachen. Museen können manchmal reizüberflutend wirken – das ❷ MUSEUM FOLKWANG macht da keine Ausnahme. Aufgrund des kostenfreien Eintritts reduzieren Sie die Anzahl an Betrachtungen unter Umständen auf nur einige wenige und statten dem Museum erneut einen Besuch ab. Nehmen Sie sich Zeit, tief einzutauchen in »Ihr« Kunstobjekt, statt alles mitnehmen zu wollen.

Es finden sich beispielsweise Bilder von Pablo Picasso, Gerhard Richter und Caspar David Friedrich in der Ausstellung. Viele Landschafts- und Naturbilder laden zur Betrachtung ein, ebenso farbenprächtige Gemälde und eindrucksvolle Skulpturen. Regelmäßig finden auch Zusatzausstellungen statt, die jedoch kostenpflichtig sind. Die intensive Auseinandersetzung mit den Kunstwerken stellt eine gute Gelegenheit dar, auch heute ein kleines Tagebuch mitzuführen und Gedanken niederzuschreiben. Was rufen die Bilder in Ihnen hervor? Welche Erinnerungen werden wach?

EINE PERSÖNLICHE KLEINE KUNSTAUSWAHL

Die Beschreibungen sind kurz gehalten, um eigenen Assoziationen, Gedanken und Gefühlen freien Lauf zu lassen.

CHRISTIAN ERNST BERNHARD MORGENSTERN (1805–1867) – **STAFFELSEE BEI MURNAU** In diesem Bild ist eine beeindruckende von Licht durchflutete Landschaft dargestellt, bestehend aus einem See, Wolkengebilden und einer interessan-

DER BESUCH IST IMMER WIEDER EIN ERLEBNIS

ten Uferlandschaft. Die umliegenden Berge geben dem Bild einen lieblichen Charakter.

VAN GOGH (1853-1890) - **DER GARTEN DES HOSPITALS** Farbenvielfalt macht dieses Bild aus, die Bäume bieten einen imposanten Anblick. Auch Ruhebänke sind abgebildet, wie sie doch auf vielen Ihrer Auszeiten eine Rolle spielen.

MARC CHAGALL (1887-1985) - **DAS MARSFELD** Was für ein Blau!

SALVADOR DALI (1904-1989) - **DER APOTHEKER VON AMPURIAS AUF DER SUCHE NACH ABSOLUT NICHTS** Auch wenn dieses Bild eher klein ist, so fällt es bereits unmittelbar nach Betreten des Raums ins Auge und ist leicht als Werk des Künstlers zu identifizieren. Erinnern Sie sich an die Aussichtsplattformen im Gleispark, deren Blick auch ins Nichts führte?

HEINRICH KLEY (1863-1945) - **HOCHÖFEN DER FRIEDRICH-ALFRED-HÜTTE** Ein Bild, das ein Geschichtsbuch übers Ruhrgebiet bereichern würde.

ANDREAS ACHENBACH (1815-1910) - **NACH DEM STURM** Ein wenig düster mit beeindruckendem Lichtspiel am Himmel.

CASPAR DAVID FRIEDRICH (1774-1840) - **GEBIRGSLANDSCHAFT MIT REGENBOGEN** Lichtspiele in Vollendung prägen dieses Kunstwerk.

HANS-PETER FELDMANN - **100 JAHRE** Eine Fotodokumentation der besonderen Art.

Nehmen Sie sich für diesen Raum ein bisschen mehr Zeit. Was hat der Künstler gemacht? Er hatte die großartige Idee, hundert Menschen im Alter von einem bis hundert Jahren zu porträtieren. Jedes Bild kann für mehrere Momente oder auch länger Ihre Aufmerksamkeit finden. Vielleicht bleiben Sie ganz automatisch bei dem Bild mit dem Menschen in Ihrem Alter länger stehen. Welche Assoziationen haben Sie? Vergleichen Sie automatisch das Abbild mit sich selbst? Spüren Sie hinein, welche Gefühle aufkommen. Angst vor dem Alter? Wertschätzung, Achtung?

Wenn Sie sich auch nur für einen kurzen Besuch im Folkwang-Museum entschieden haben sollten, suchen Sie diesen Raum unbedingt auf und lassen die hundert Menschen bzw. hundert Abbildungen von hundert Altern auf sich wirken.

WEITERE INFOS:

Tiefgarage vorhanden, auch mit behindertengerechten Parkplätzen

→ www.museum-folkwang.de

WIESEN UND BÄNKE LADEN ZUM VERWEILEN EIN

DER SCHÖNSTE PARK DER REGION

ESSEN - GRUGAPARK

Im vermutlich schönsten Park Essens können Sie in eine eigene Welt abtauchen und abschalten. Der Park besticht durch seine Vielseitigkeit und neben tierischen Begegnungen können Sie verschiedene Sinneseindrücke erleben. Am Gradierwerk lassen Sie den Tag ausklingen.

Blick aufs Hundertwasserhaus 9
Wasserfall 8
Gradierwerk 10
Haupteingang 11
ZIEL Messe Ost/Gruga
Borbecker Mühlenbach
Lührmannstraße
Kneippanlage 6
Eulengehege 7
Barfußpfad 4
Vogelfreifluganlage 5
Norbertstraße
Ponyhof 3
Kleintiergehege 2
START Messe West/Süd/Gruga
Eingang 1 >> Am Grugabad <<

START
Eingang Am Grugabad

ZIEL
Haupteingang

DISTANZ 3,5 km (variabel)

DAUER 2 Stunden oder länger

ANFAHRT
ÖPNV: U-Bahn-Haltestelle Messe West/Süd/Gruga Linie U11
PKW: Messe Essen GmbH, Messeplatz 1, 45131 Essen (Parkplatz)

MITNEHMEN
kleines Handtuch (Kneippanlage)

Hervorgegangen ist der Park 1929 aus der Großen Ruhrländischen Gartenbau-Ausstellung, woraus die Abkürzung Gruga entstand. Ein wirklich perfekter Ort für eine Auszeit, auch verschiedene Sportmöglichkeiten sind geboten. Ein Jahr nach der Ausstellung wurde der Park für die Bevölkerung und das Gemeinwohl wiedereröffnet. 1938 fand hier die Reichsgartenschau statt, im Zweiten Weltkrieg wurde der Park komplett zerstört. Es folgte der Wiederaufbau, der eine Vergrößerung beinhaltete. 1952 fand die zweite Gruga-Ausstellung statt, 1965 wurde hier die Bundesgartenschau ausgerichtet.

Die Auszeit-Runde durch die Gruga führt zu ausgewählten Erholungsplätzen. Start ist am ❶ **EINGANG AM GRUGABAD** (Freibad). Ganz zu Beginn führt Sie der Weg zum idyllischen ❷ **KLEINTIERGEHEGE,** in dem Ziegen, Schafe, Kaninchen, Schwäne, Schweine und noch andere Tierarten leben. Ein wahres Kleinod! Die Ziegen dürfen mit bereitgestelltem Futter gefüttert werden,

ZIEGEN BEGEGNEN

Sie dürfen sich von Tieren inspirieren lassen und gerne mit den Ziegen in Kontakt treten. Setzen oder hocken Sie sich nach langsamer Annäherung neben eine Ziege, berühren sie sachte oder bieten ihr eine streichelnde und kraulende Hand an. Sie dürften auf genüssliche Resonanz stoßen. Vielleicht stupst Sie von hinten vorsichtig der neugierige Ziegenbock an, aber keine Sorge, diese sachte Berührung fühlt sich fast wie ein Windhauch an. Die Tiere sind in einem äußerst gepflegten Zustand und der Aufenthalt in dem kleinen, feinen Gehege ist eine wahre Freude. Es dürfte bei diesen Begegnungen kaum verwundern, dass es bereits Ziegen-Yoga gibt, da die Tiere für ihre beruhigende Ausstrahlung bekannt sind. Genießen Sie die gemeinsame Zeit mit »Ihrer« Ziege und nehmen etwas von der Tiefenentspanntheit, die Ihnen vorgelebt wird, mit in den weiteren Tag.

NEUGIERIGE KONTAKTAUFNAHME

dennoch sind die Tiere in keinster Weise aufdringlich. Ganz im Gegenteil, tiefenentspannt liegen sie teilweise in der Sonne und strahlen eine große Ruhe und Zufriedenheit aus.

Die jugendlichen Schweine springen an heißen Tagen gerne unter der Sprinkleranlage hindurch und rennen vergnügt um die Wette. Auch dieser Anblick ist beglückend. Am kleinen grünen Teich gibt es eine Bank, perfekt für Ihre erste Pause, wenn Sie diese nicht bereits mit einer Ziege verbracht haben. Kaninchen und Schafe sind zusammen untergebracht und haben großen Auslauf auf einer Wiese. Alleine dieses kleine Tiergehege ist eine eigene Auszeit wert.

Nun geht es am 3 PONYHOF mit wirklich sehr kleinen Ponys vorbei, weiter zum 4 BARFUSSPFAD. Gönnen Sie Ihren Füßen eine kostenlose Fußreflexzonenmassage. Wenn Sie Ihren Körper durch ungewohnte Reize oder Impulse intensiv spüren, schalten die Gedanken wie von selbst ab. Die Synapsen sind sozusagen anderweitig beschäftigt, nämlich mit der Verarbeitung der taktilen Reize. Deswegen sind solche Angebote perfekt geeignet fürs Abschalten der Gedanken. Spüren Sie die verschiedenen Untergründe und nehmen sich Zeit für dieses Erleben.

Ganz nahe gelegen befindet sich die 5 VOGELFREIFLUGANLAGE, in der z. B. der Kuba- und auch Chile-Flamingo, der ostafrikanische Storch, der Schmalschnabellöffler und der Nachtreiher leben, um nur einige wenige zu nennen. Auf den ersten Blick erinnern die Störche eher an Pelikane. Wenn Sie jedoch wissen, dass es sich um eine Storchenart handelt, erkennen Sie diesen auch, ein äußerst interessanter

Anblick. Auch dieses Tiergehege bietet viele beruhigende Augenblicke.

Bald liegt der Margaretensee vor Ihnen, in dem sich eine 6 KNEIPPANLAGE befindet. An heißen Tagen ist dies ein perfekter Ort für eine Abkühlung. Hier gilt dasselbe wie bei einem Barfußpfad: Äußere Reize, in dem Fall Kältereize, helfen sofort beim Abschalten. Bedenken Sie, dass nur ein aufgewärmter Körper kneippen sollte. Eine Anleitung finden Sie vor Ort. Auch der Blick über den See von der Bank aus ist eine Pause wert. Bevor Sie nun die Lührmannstraße unterqueren, kommen Sie am 7 EULENGEHEGE vorbei, in dem der Karpatenuhu lebt. Äußerst eindrucksvoll ist sein Anblick und er lässt sich in seiner stolzen Haltung gut beobachten.

Sogar ein kleines Waldtal sowie eine Heide und ein Moor gibt es im Grugapark, Heide und Moor befinden sich in der Nähe der vorgeschlagenen Route. Am Waldsee angekommen fällt sofort der kleine 8 WASSERFALL auf. Von dieser Stelle aus bietet sich ein fantastischer Weitblick bis zum Grugaturm über weitläufige Blumenwiesen. In der anderen Richtung schimmert bereits durch dichtes Grün das 9 HUNDERTWASSERHAUS, dessen Anblick beeindruckt und gefangen nimmt, wenn es in seiner Gänze erscheint! Der Künstler Friedensreich Hundertwasser, der auch in Architektur und Umweltschutz tätig war, passte das Gebäude in den 1990er-Jahren an das Gelände an und 2005 wurde das Haus, das Familien von schwerkranken Kindern zur gemeinsamen Unterkunft dient, eröffnet. Das Gebäude ist nicht frei zugänglich, jedoch ist der Blick von außen bereits eine reine Augenweide.

Weiter führt Sie der Weg zur Dahlienterrasse. Der Park hat erneut seinen optischen Charakter völlig verändert, besticht er hier nun durch Weitläufigkeit. Lassen Sie die Eindrücke des heutigen Tages noch einmal Revue passieren. Welches Tier hat Sie besonders beeindruckt? Verspüren Sie den Wunsch, noch einmal wiederzukommen und bestimmte Orte erneut aufzusuchen? Halten Sie doch ein paar Eindrücke in Ihrem Tagebuch fest, vielleicht möchten Sie auch zeichnerisch etwas festhalten, z. B. ein Tier, das Ihnen besonders aufgefallen ist.

Zum Abschluss geht es vorbei am Grugaturm zum 10 GRADIERWERK, das sich perfekt zum Abrunden des Tages eignet. Auf beiden Seiten des Gradierwerks befinden

BLÜTENPRACHT DER GAILLARDIA

HUNDERTWASSERHAUS

sich ausreichend viele Bänke, entsprechend dem Sonnenstand im Vollschatten und in der direkten Sonne gelegen. Je nach Jahreszeit können Sie hier also Wärme oder Kühle suchen. Das Solewasser an sich, welches von oben über das Geäst des Schwarzdorns herunterrieselt und wieder nach oben gepumpt wird, hat eine natürlich kühlende Wirkung. Besonders an heißen Tagen im Hochsommer bietet sich der Besuch eines Gradierwerks an. Suchen Sie sich zum Abschluss einen Platz auf einer der Bänke, schließen die Augen und bleiben für 10–15 Minuten ganz normal atmend sitzen und spüren, wie die Sole Ihre Bronchien umschmeichelt oder sich das Salzwasser auf Ihrer Haut niederlegt. Eine genauere Beschreibung zur Funktion eines Gradierwerks finden Sie im Kapitel »Xanten - Dom und Kurpark« (S. 133).

Nach Beendigung des Solebades Ihrer Atemwege können Sie den Park über den 11 HAUPTEINGANG verlassen, in dessen Nähe sich die U-Bahn-Haltestelle »Messe Ost/Gruga« befindet (Linie 11).

WEITERE INFOS:

Der Eintritt in den Park beträgt 2,50 €–4 €. Ab 18 Uhr ist der Eintritt frei. Dann dürfte es entsprechend voller sein. Tagsüber findet man äußerst viel Ruhe in der Gruga. Sie können für 1 € einen Lageplan erwerben, der hilfreich ist. Dieser hängt jedoch auch an verschiedenen Stellen im Park aus.

MORGENDLICHER DUNST ÜBER DEM SEE

BEIM WALDBADEN MIT ALLEN SINNEN GENIESSEN

ESSEN - KRUPPWALD, BALDENEYSEE UND HÜGELPARK

Eine genussvolle Tour auf stillen Wegen nahe dem Baldeneysee und des Hügelparks. Dichtes Grün und blühender Rhododendron im Mai und Juni geben ihr einen ganz besonderen Charme. Der Besuch des Parks und der Villa Hügel sind zusätzlich möglich.

START UND ZIEL
S-Bahnhof Essen-Hügel

DISTANZ 7,5 km

DAUER 2,5 Stunden oder länger

ANFAHRT
ÖPNV: S-Bahnhof Essen-Hügel, Linie S6

MITNEHMEN
Sitzkissen

GUT ZU WISSEN
Eintritt Hügelpark: 5 € (optional)

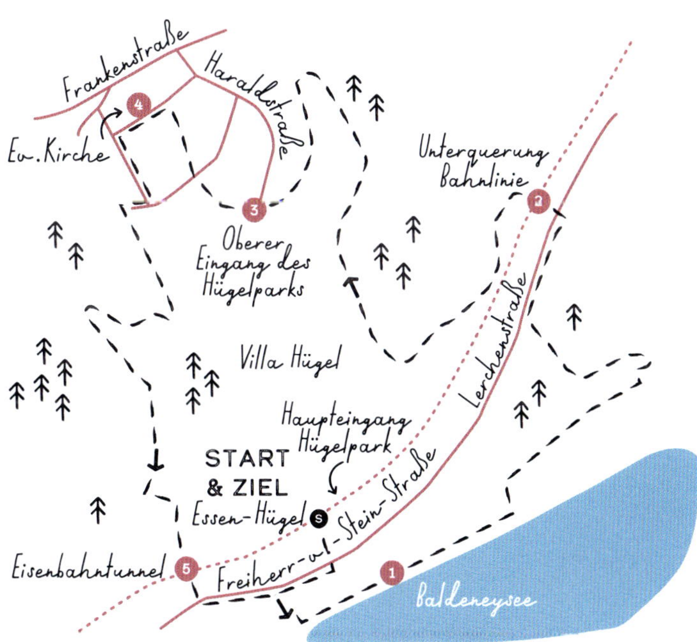

LANGSAMKEIT ERFAHREN

Die heutige Wanderung eignet sich perfekt für wenig erfahrene Wanderer und auch für all diejenigen, die das Alleinewandern und Waldbaden ausprobieren möchten. Die Strecke ist mit gut 7 km moderat und auch mit einer geringen Kondition zu bewältigen. Der Weg beinhaltet nur leichte Steigungen und ist gut begehbar. Vor allem werktags haben Sie die Chance, fast alleine unterwegs zu sein. Je nach Jahreszeit können Sie sich am Schluss sogar mit einem Bad im See im Freibad Seaside Beach belohnen.

Start ist am S-Bahnhof »Essen-Hügel«. Bei der Villa handelt es sich um das ehemalige Wohn- und Repräsentationshaus der Industriellenfamilie Krupp, welches im 28 Hektar großen Hügelpark liegt. Der Bahnhof wurde extra für die Erreichbarkeit der **VILLA HÜGEL** erbaut. So sollte Staatsgästen die Anfahrt vereinfacht werden. Es gab sogar einen direkten Zugang vom Bahnsteig durch ein Tor auf das Gelände, das immer noch existiert.

Der heutige Weg zum Haupteingang des Parks dauert nur wenige Minuten, für Sie geht es jedoch direkt zum ❶ **BALDENEYSEE,** dem beliebtesten See des Ruhrgebiets, liebevoll auch »Lago Baldini« genannt. Ganz abwegig ist der Vergleich mit einem norditalienischen See nicht, in hügeliger Landschaft gerät man an diesem großen Gewässer schnell in Urlaubsstimmung.

Nach Südwesten verlassen Sie den Bahnhof über steile Stufen nach unten, gehen die Freiherr-vom-Stein-Straße rechts entlang und stoßen linker Hand bald zum Wasser. Nach knapp 1,5 km verlassen Sie den See in nördlicher Richtung. Nach ❷ **UNTERQUERUNG** von Bahnlinie und Straße ist der Kruppwald nicht mehr weit, es geht nach links. Anfangs laufen Sie auf dem Baldeneysteig. Heute werden Sie immer wieder auf Rhododendren stoßen, teilweise werden Sie das Gefühl haben, sich in einem Meer daraus zu befinden. Von Mitte April bis Juni blüht der Rhododendron und eine Wanderung zu dieser Zeit ist ein ganz besonderes Erlebnis. Der Weg ist jedoch zu jeder Jahreszeit zu

EIBE MIT FRÜCHTEN

empfehlen. Neben Rhododendron empfängt Sie auch ein Mischwald mit den unterschiedlichsten Baumsorten. Auch alte und große Eiben (lat. Taxus baccata) werden Ihnen auffallen, die ein Hinweis auf einen alten Wald sind, wurde die Eibe doch früher wegen der Biegsamkeit ihres Holzes gerodet und für den Bogenbau genutzt. Auch ihre Giftigkeit, die den Tieren, wenn sie zur Futtersuche in den Wald getrieben wurden, schadete, führte zur verbreiteten Rodung der Pflanze.

Der Weg durch das dichte Grün ist purer Genuss und trotz der relativen Nähe zu den nächsten Siedlungen kann hier schnell ein Gefühl von »fernab des Trubels« aufkommen. Brombeeren laden zum Pflücken ein und Baumpilze, wie Kunstwerke wirkend, befinden sich am Wegesrand. Sie können die Wanderung wunderbar mit Elementen des

NATURWISSEN

EIBE

Die Eibe ist oft nahe an einer anderen Baumart angesiedelt und hat gelernt, im Schatten zu stehen. Sie ist in unseren Breiten selten geworden und gehört zur Familie der Koniferen. Sie wird maximal 15 m hoch und es existieren männliche und weibliche Bäume. Alle Teile des Baumes sind sehr giftig, sie enthalten das Alkaloid Taxin. Lediglich das Fruchtfleisch der roten Früchte des weiblichen Baumes, welche an Beeren erinnern, ist ungiftig. Der Kern wiederum, der sich in der Frucht befindet, ist hochgiftig und kann bei entsprechender Dosis, genauso wie alle anderen Teile des Baumes, tödlich wirken, sowohl für Mensch als auch Tier. Als Medizin wird der Wirkstoff Taxol in der Gynäkologie zur Krebstherapie angewandt.

Waldbadens verbinden. Seien Sie heute doch mal etwas langsamer unterwegs und bleiben immer wieder stehen, um z. B. die Augen zu schließen und in den Wald hineinzuhorchen oder auch mit den Augen auf Entdeckungstour zu gehen. Das funktioniert am besten, wenn Sie zwischendurch stehen bleiben und in den Wald hineinblicken - mal nah, mal fern. Sofort werden Ihnen Dinge auffallen, an denen Sie sonst einfach vorbeigelaufen wären, v. a. bei einem anregenden Gespräch. Wenn Sie den Weg in Begleitung gehen, vereinbaren Sie zwischendurch am besten Schweigezeiten, in denen jede und jeder für sich geht.

Empfinden Sie das bewusste Eintauchen in die Umgebung als angenehm, können Sie sich auch in der näheren Umgebung Ihres Zuhauses einen solchen Platz suchen, zu dem Sie regelmäßig kommen. Das Eintauchen wird Ihnen immer leichter fallen und wenn Sie häufig, in wiederkehrender Regelmäßigkeit kommen, werden die Tiere vor Ort noch mehr ihre Scheu verlieren.

Beim Fortsetzen des Weges kommen Sie auf gut halber Strecke am 3 **OBEREN EINGANG DES HÜGELPARKS** vorbei, der viel alten, teilweise exotischen Baumbestand enthält, und auch einige Skulpturen sind zu finden. Besonders beeindruckend ist das Pferd, das äußerst naturgetreu dargestellt ist. Behalten Sie auch im Park gerne die Idee des Waldbadens bei. Weiße Bänke laden vor allem im unteren Teil des Parks zum Verweilen ein. Sollten Sie sich für den Parkbesuch entscheiden, so können Sie durch den unteren Eingang wieder den Bahnhof »Essen-Hügel« erreichen. Auch ein Besuch der Villa

DER WALDSITZPLATZ

Suchen Sie sich einen ruhigen Platz und lassen sich auf Ihrem mitgebrachten Sitzkissen nieder. Setzen Sie sich so bequem hin, dass Sie eine kleine Weile in dieser Position bleiben können. Auch ein Baumstumpf ist bestens dafür geeignet. Schauen Sie sich zu Beginn die Pflanzen und Moose in Ihrer direkten Nähe an. Nach einigen Minuten lassen Sie den Blick schweifen und im Laufe der Zeit werden Sie immer mehr Details in Ihrer Umgebung entdecken. Vielleicht lässt sich schon bald ein Vogel oder ein Eichhörnchen blicken, ungestört von Ihrer Anwesenheit. Nehmen Sie das Gefühl wahr, mit der Umgebung zu verschmelzen und Teil dieser Waldgegend zu werden. Bleiben Sie wenigstens 15 Minuten auf Ihrem Sitzplatz, gerne auch länger.

ANGESTELLTENSIEDLUNG BRANDENBUSCH

selbst ist empfehlenswert. Wenn Sie direkt nach Parköffnung um 9.30 Uhr kommen, können Sie das Gelände fast allein genießen. Wenn Sie sich entscheiden, auf dem Wanderweg zu bleiben und den Park nicht zu besuchen, lassen Sie ihn links liegen und genießen weiter den Kruppwald. Unweit vom Parkeingang werden Sie ein Hinweisschild auf die Siedlung **BRANDENBUSCH** entdecken, eine hübsche Fachwerkhaussiedlung, die Sie nun aufsuchen. Zwischen 1895 und 1914 erbaut, lebten hier die Angestellten des Hügelparks und der **VILLA HÜGEL.** Besonders schön ist der Anblick der ❹ **EVANGELISCHEN KIRCHE,** die unter Denkmalschutz steht.

Weiter geht es durch den schönen Kruppwald mit einigen Abbiegungen Richtung Süden, bis Sie am Ende durch einen ❺ **EISENBAHNTUNNEL** gehen und linker Hand wieder zum Baldeneysee gelangen. Der See, durch den die Ruhr fließt, wurde von 1931 bis 1933 ausgehoben, um den Trinkwasserbedarf der Bevölkerung zu decken. Ganz nach Belieben können Sie sich am See noch ein Eis gönnen oder einfach den Blick aufs Wasser genießen. Um wieder zum Bahnhof »Essen-Hügel« zu gelangen, heißt es, am Schluss noch ein paar steile Stufen auf demselben Weg wie zu Beginn zu nehmen.

TOUR 13
WEITBLICK ÜBER SANFTE HÜGEL

VIELFÄLTIGE FERNSICHTEN UND TRAUMHAFTE PFADE

ESSEN - OEFTER TAL

Vom fast höchsten Punkt Essens mit fantastischer Weitsicht geht es ins Oefter Bachtal, wo schattige Buchenwälder, Einsamkeit und Stille auf Sie warten. Auf idyllischen, teils schmalen Pfaden ist dies ein wahres Natur- und Wanderparadies. Wie könnte eine Auszeit für die Seele besser gestaltet sein, als hier in Muße zu sein?

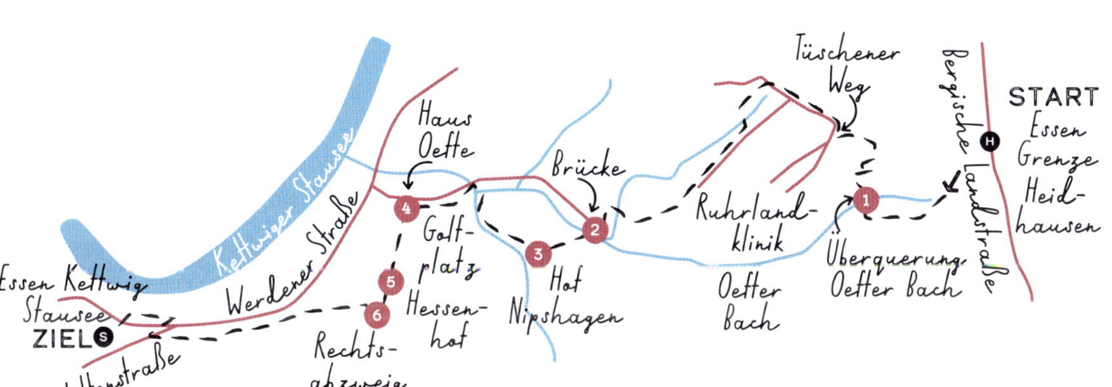

START
Bushaltestelle
Essen Grenze Heidhausen

ZIEL
S-Bahnhof Essen Kettwig Stausee (Linie S6)

DISTANZ 8,5 km

DAUER 3,5 Stunden

ANFAHRT
ÖPNV: Bushaltestelle Essen Grenze Heidhausen, Linie 169

MITNEHMEN
viereckigen kleinen Taschenspiegel

GUT ZU WISSEN
Gute Trittsicherheit und sehr festes Schuhwerk nötig. Navigation am Schluss hilfreich.

Das Naturschutzgebiet Oefter Bachtal im Essener Süden hat etwa eine Fläche von 87 Hektar und es handelt sich um ein Quellgebiet mit Bruchwäldern und alten Eichen- und Buchenbeständen. Viele Tiere und Pflanzen finden an diesem Ort Lebensraum, so z.B. der Eisvogel und die Wasseramsel. Auch feuchtigkeitsliebende Waldbestände aus Erlen und Pappeln wachsen hier. Viele kleine Seitentäler mit schmalen Bächen führen dem Oefter Bach, der noch in seiner natürlichen mäandernden Art fließen darf, ihr Wasser zu.

WOHLTUENDER WALD

Von der Haltestelle geht es Richtung Westen in die Straße »Am Korstick«. Ein Windrad linker Hand ist prominent zu sehen, das hübsche Sträßchen führt an einer kleinen Gärtnerei vorbei, in der Ferne thront das Heliosklinikum Niederberg am Horizont. Beim Schild »Korstick 46« geht es rechts ab und ein wunderschöner Buchenwald in absoluter Einsamkeit empfängt Sie. Der Wald bietet Schatten und schon bald ist das Plätschern des Oefter Baches zu hören. Teils verblasst auf Baumstämmen ist der Weg mit einem **N** ausgezeichnet, welchem Sie nun folgen. Bleiben Sie regelmäßig stehen und lauschen in die Natur hinein. Ein gurgelnder Bach an einem heißen Sommertag kann erquickende Wirkung haben.

NATURWISSEN

ZWIESEL

Vielleicht entdecken Sie in diesem Buchenwald einen »Zwiesel« der ganz besonderen Art am Wegesrand. Zwiesel wird eine Aufgabelung eines dominanten Pflanzentriebs genannt, auch Zwillingswuchs ist die Bezeichnung. Es gibt Zwiesel in U- oder in V-Form, es gibt auch Drillinge und sogar Vierlinge. Ein Zwiesel entsteht entweder durch eine Verletzung in jungen Jahren oder durch das Zusammenwachsen zweier Bäume. Die Unterscheidung zu einer normalen Astbildung liegt darin, dass beide Stämme nahezu identisch stark ausgebildet sind. Ein Hinweis auf die Zwieselart ist, ob die Verzweigung oberhalb oder unterhalb der Brusthöhe liegt. Bei letzterer Variante handelt es sich wahrscheinlich um zwei zusammengewachsene Bäume.

Bald heißt es, den hier sehr schmalen (1) OEFTER BACH mit einem Schritt zu überqueren. Nehmen Sie sich Zeit, bleiben Sie in diesem wahrhaftigen Kleinod ab und zu stehen und lauschen in die Natur hinein. Der lärmdämpfenden Wirkung des Waldes ist es zu verdanken, dass wir uns im kühlen

Buchenwald in der Nähe eines Baches so wohl fühlen. Ein Übriges tut die reinere Luft dazu, die durch den »Filter« Wald entsteht.

Sauerstoffreiche und feuchte Luft entlastet die Atemwege und die Bäume, vor allem Nadel-, aber auch Laubbäume, produzieren sogenannte Terpene, die das Immunsystem stärken. Bäume, blühende Pflanzen und Gewässer suggerieren uns Nahrung und somit Überlebenschancen. Unsere Vorfahren, die noch im Wald bzw. in der Natur lebten, waren schlichtweg darauf angewiesen, Nahrung in Form von Früchten oder Nüssen vorzufinden, genauso bot der Wald Schutz. Gewässer sorgten für Nahrung in Form von Fischen und Trinkwasser. Inzwischen ist es wissenschaftlich erwiesen,

ZWIESEL

SPIEGELÜBUNG

Meistens schauen wir beim Gehen auf den Boden. Heute sind Sie vielleicht schon sehr aufmerksam unterwegs und beobachten Tiere oder Pflanzen im Wald. Den Baumkronen schenken wir jedoch nur selten Beachtung. Dort leben auch Tiere, Vögel bauen ihre Nester, Eichhörnchen huschen von Baum zu Baum. Sie können nun ganz bequem die Perspektive ändern und beobachten, was dort oben zu entdecken ist. Schon den Bewegungen der Zweige und Blätter zuzuschauen, ist ein Genuss. Nehmen Sie Ihren Taschenspiegel und halten ihn an Ihren Nasenrücken, sodass im Spiegelbild das Blätterdach und der Himmel erscheinen. Es kann einige Momente dauern, um sich an diese ungewohnte Perspektive zu gewöhnen. Dann sind die Betrachtungen jedoch ein großes Vergnügen. Auch tiefer hängende Äste sind spannend zu beobachten. Fangen Sie im Stehen an und gehen dann nur wenige Schritte an einer ebenen Stelle. Bewegen Sie den Spiegel in verschiedenen Winkeln und erkunden Sie das Blätterdach.

GELEGENHEIT ZUM VERWEILEN

dass der Aufenthalt in der Natur, aber auch der Anblick der Farbe Grün Stresshormone reduziert. Das positive Empfinden beim Aufenthalt in der Natur ist quasi in uns einprogrammiert und wir können diese positiven Effekte gezielt stimulieren, indem wir regelmäßig in die Natur gehen.

ÜBER FELDER IN DIE FERNE

Nachdem Sie den Wald verlassen haben, erwartet Sie eine liebliche Feldlandschaft mit einer fantastischen Fernsicht. Rechter Hand steht nach wenigen Metern eine Bank unter einem kleinen Walnussbaum, der bereits ein wenig Schatten spendet. Ist es nicht ein schönes Bild, sich das Bäumchen als mächtigen Walnussbaum vorzustellen? Walnussbäumen wird nachgesagt, Fliegen und Mücken fernzuhalten. Das Windrad vom Beginn Ihrer Wanderung ist erneut zu sehen. Einige Höfe liegen am Weg und Weitblicke tun sich auf. An einer kleinen Straße angekommen, lassen Sie die Ausschilderung der Ruhrlandklinik links liegen und gehen nach rechts in Richtung eines Restaurants und folgen der Auszeichnung **A1,** bald verlassen Sie die Straße nach links über einen einladenden kleinen Wiesenweg, bis Hof Nipshagen der Auszeichnung **X** folgend, nordwestlich des Geländes entlang.

Ein altes Fachwerkgehöft liegt am Weg und es folgt ein wunderschöner Mischwald, in dem die Seele auftanken kann. Genießen Sie diesen Abschnitt und lassen es etwas langsamer angehen. Wer langsam ist, hat endlich Zeit.

Im Tal angekommen, überqueren Sie den Oefter Bach ein weiteres Mal, diesmal über eine **2 BRÜCKE,** und halten sich geradeaus

HOF NIPSHAGEN

bis kurz vor 3 **HOF NIPSHAGEN.** Rechts geht es am Römmersbach und am Golfplatz entlang, der in linker Richtung großzügig umrundet wird. Das hiesige Sträßlein heißt Oefte, so wie Schloss Oefte, zu dem der Golfplatz gehört. Im Mittelalter war das Schloss ein Lehen (so wird eine mittelalterliche Besitzordnung bezeichnet) der Reichsabtei Werden und wurde im 9. Jahrhundert erstmals urkundlich erwähnt. Der Name bedeutet in etwa »Waldhaus am Fluss« - wie passend, liegt die Ruhr doch in unmittelbarer Nähe.

Kurz vor 4 **HAUS UND SCHLOSS OEFTE** geht es nach links, am bewirtschafteten 5 **HESSENHOF** mit riesiger grüner Halle rechts vorbei und ein weiterer traumhaft schöner Waldabschnitt liegt vor Ihnen. Achtung: Sobald Sie den Wald wieder betreten, geht es 6 **SCHARF RECHTS** und in Kürze sind wieder Wanderauszeichnungen zu sehen **(A2)**, diesen kann bis kurz vor dem S-Bahnhof gefolgt werden, am Ende werden die Zeichen jedoch rarer und die digitale Navigation kann hilfreich sein. Teils geht es an steilen, aber gut begehbaren Hängen entlang. Nördlich bzw. rechts unter Ihnen befindet sich der Stausee mit wunderschönen Ausblicken auf die gegenüberliegende Ruhrseite nach Kettwig, passend angelegte Aussichtsbänke bieten sich an, dieses Schlusspanorama zu genießen. Dieser Abschnitt ist ein weiterer abwechslungsreicher Höhepunkt Ihrer Wanderung, bedarf aber guter Trittsicherheit. Über die Charlottenstraße erreichen Sie die Werdener Straße und hinter der Eisenbahnbrücke geht es links zum S-Bahnhof »Essen Kettwig Stausee«, wo diese vielfältige Wanderung endet.

TOUR 14
VOM SANFTEN PLÄTSCHERN BEGLEITET

IDYLLISCHER SPAZIERGANG DURCHS BACHTAL

MÜLHEIM - RUMBACHTAL

Entlang des plätschernden Rumbachs durch Mischwald und Farnmeere kommen Sie leicht zur Ruhe - bestens geeignet für einen entspannenden und idyllischen Abendspaziergang. Die Nähe zum Wasser hat zudem eine positive Wirkung aufs Gemüt und das Abschalten fällt leicht.

START
Von-Bock-Straße
1 Idyllische Wiese
Hölterstraße
Kumbachbrücke
Rumbach
Holthauser Höfe
2 Ehem. Teich
Bank
3
Velauer Straße
Riemelsbeck
4 Im Stillen Winkel
5 Baum der Besinnung
ZIEL
Wasserturm
6 Fulerumer Wasserturm

START
Bahnhaltestelle Mülheim Von-Bock-Straße; alternativ: Bushaltestelle Walkmühlenstraße, Linie 753 (späterer Einstieg in die Tour)

ZIEL
Bushaltestelle Mülheim Wasserturm (Linie 136)

DISTANZ ca. 6 km

DAUER 2 Stunden oder länger

ANFAHRT
ÖPNV: U-Bahnhaltestelle Mülheim Von-Bock-Straße, Linie U18; Bushaltestelle Walkmühlenstraße, Linie 753 (späterer Einstieg in die Tour)

MITNEHMEN
Stift und Papier

Mal bergauf und mal bergab verläuft der Weg meistens geradeaus. Feste Schuhe sind jedoch von Vorteil. Von der Haltestelle »Von-Bock-Straße« kommend geht es wenige Meter nach Süden durch die selbige Straße und dann sofort nach rechts in die Adolfstraße Richtung Osten. Nach etwa zehn Minuten verlassen Sie das Wohngebiet und vor Ihnen taucht eine ❶ **IDYLLISCHE WIESE** mit einer alten Mühle, der Wetzmühle, auf, die erste Augenweide dieser Tour. Auch der Name der Stadt Mülheim macht sofort Sinn, denn es ist bei Weitem nicht die einzige Mühle der Stadt. Bereits hier tanzen Libellen durch die Luft und eine hohle Esche erstaunt durch das Austreiben frischer Blätter - sie ist immer noch voller Leben.

Nach weiteren 20 Minuten, teils durch Siedlung, teils durch Grün und an Natursteinmauern vorbei, erreichen Sie einen ❷ **EHEMALIGEN TEICH,** ein hübscher Ort mit Bank für eine erste Pause. Hier befindet sich der Zugang ins Naturschutzgebiet »Rumbachtal Gothenbach Schlippenbach«. Der ehemalige Teich dient heute als Rückhaltebecken bei starken Regenfällen. Das weitläufige, etwa 72 Hektar große Naturschutzgebiet hat mehrere Aufgaben. Zum einen ist es ein Refugium für Tiere und Pflanzen, zum anderen ist es aber auch ein wichtiger Faktor für die Klimatisierung der umliegenden Gebiete und es verbessert das Stadtklima von Mülheim und der Nachbarstadt Essen deutlich. Später auf Ihrem Weg werden Sie noch eine interessante Eiche antreffen, deren Erklärungstafel weiteren Aufschluss über die Gegend geben wird. Unmittelbar nach dem alten Teich wird der kleine Schlippenbach überquert, welcher in den Rumbach fließt. Sie tauchen immer tiefer ins Grün ein und bald darauf erwartet Sie der Rumbach. Die Pflanzenwelt ist

NATURWISSEN

FARN

Der hier wachsende Frauenfarn, auch Gemeiner Waldfarn genannt (lat. Athyrium filix-femina), ist eine sommergrüne Pflanze, die zu den »echten« Farnen gehört. Die Blätter enthalten an der Unterseite unzählige Sporen, die zu starker Vermehrung führen. Die sogenannten Wedel erreichen eine Länge von 30 cm bis 1 m. Aufgrund der Ähnlichkeit zum Echten Wurmfarn hielt man die beiden Arten früher für Männchen und Weibchen. Daher rührt sowohl der deutsche Name »Frauenfarn« als auch die wissenschaftliche Artbezeichnung filix-femina (filix = Farn, femineus = weiblich).

FRAUENFARN

vielfältig und es wachsen teilweise riesige Farnmeere.

Manchmal besteht die Möglichkeit, direkt am Wasser zu gehen, und es ergeben sich viele wunderschöne Blicke auf den Bach. Suchen Sie sich einen Platz in Wassernähe, z. B. auf einer 3 **BANK,** schließen die Augen und lauschen dem Plätschern des Baches. Vielleicht hören Sie auch das Rauschen der Blätter und spüren den Wind auf Ihrer Haut. Genießen Sie diese kleine akustisch geprägte Auszeit und tauchen Sie ganz ab. Nehmen Sie die beschriebenen Elemente wahr und konzentrieren sich nur auf das, was sie hören und spüren. Ihre Gedanken werden kaum Raum finden und Sie erleben mit Unterstützung der Natur eine wunderbare Achtsamkeitsübung auf ganz leichte Weise. Diese lässt sich mit einer Geräuschelandkarte ergänzen.

Weiter des Weges erscheint rechts von Ihnen bald ein Hinweisschild auf den Liebfrauenhof. Dieses lassen Sie jedoch unbeachtet und gehen geradeaus. Wenn Sie am Abend oder am frühen Morgen unterwegs sind, können Sie bei entsprechenden Lichtverhältnissen in den Genuss von beeindruckenden Sonnen- und Schattenspielen

GERÄUSCHELANDKARTE

Nehmen Sie Ihre Schreibutensilien, um eine kleine Geräuschelandkarte anzulegen. Malen Sie dazu einen Punkt in die Mitte des Papiers, dieser symbolisiert Ihre Position. Schließen Sie die Augen und nehmen die Geräusche Ihrer Umgebung wahr, ohne sie zu bewerten. Aus der Ferne dringt vielleicht ein Hundebellen zu Ihnen oder auch von Menschen erzeugte Geräusche. Vögel singen und Insekten summen. Viele Geräusche nehmen wir erst wahr, wenn wir uns konzentrieren. Nun schreiben oder malen Sie das Gehörte auf Ihrer Karte nieder und erstellen eine Geräuschelandkarte. Bleiben Sie wenigstens 10–15 Minuten in dieser Übung und lassen sich von dem Gehörten überraschen. Bewahren Sie die Karte gerne in Ihrem Tagebuch auf.

DIE IDYLLISCH GELEGENE WETZMÜHLE

kommen. An einer Wegkreuzung mit vier möglichen Abzweigungen geht es nach links in das Sträßchen »Riemelsbeck«, dem Wanderzeichen **M** auf dem Mülheimer Rundweg folgend, und bald nach rechts.

Bei der nächsten Möglichkeit geht es links etwas bergauf, die Vegetation und der Anblick der Natur ändern sich vollständig. Hier finden Sie beispielsweise Wasserdost oder auch Wasserhanf in größeren Mengen. Dieser wird auch Kunigundenkraut genannt. Der Wasserdost gilt als Heilpflanze, jedoch hat er eine leicht giftige Wirkung, sodass von Selbstmedikation abgeraten wird.

Genießen Sie den kleinen Anstieg und wählen Sie ein Tempo, welches Sie nicht außer Atem geraten lässt. Sie nähern sich nun der äußerst reizvoll und abgeschieden gelegenen Siedlung **4 IM STILLEN WINKEL.** Bald darauf wird der Wald verlassen und vor Ihnen tauchen Felder auf. Direkt zu Beginn liegt ein großer Baumstamm am Feldrand und lädt zu einer weiteren Pause ein. In der Ferne ist bereits Ihr heutiges Ziel, der Fulerumer Wasserturm im Stadtteil Mülheim-Fulerum deutlich zu erkennen. Es handelt sich um den einzigen Wasserturm Mülheims, der noch in Betrieb ist, und er dient der Trinkwasserversorgung. Errichtet

MÜLHEIM - RUMBACHTAL

BERGAUF UND BERGAB

wurde er 1974 mit einer Höhe von 40 Metern. Er befindet sich an einem der höchsten Punkte Mülheims und stellt somit eine gut und weit erkennbare Landmarke dar. Sein Anblick mutet sehr futuristisch an und die Architektur ist tatsächlich durch die Raumfahrtprogramme im Kalten Krieg inspiriert. Er umfasst 1500 Kubikmeter Wasser.

Aus dem Wald kommend wenden Sie sich am Feldrand nun nach links, bei der nächsten Möglichkeit nach rechts, und bald wird auf dem folgenden Wegabschnitt ein besonderer Baum erreicht, nämlich die anfangs erwähnte Eiche, ❺ **BAUM DER BESINNUNG,** und gleichermaßen Sinnbild für eine Bürgerinitiative und Naturerhalt. Werfen Sie unbedingt einen Blick zurück, eine fantastische Weitsicht mit Blick Richtung Nordwesten nach Duisburg tut sich auf. Sie werden feststellen, dass einige Höhenmeter hinter Ihnen liegen. Im Südosten ist der kleine Essener Flughafen erkennbar und eventuell entdecken Sie die ein oder andere Propellermaschine am Himmel, auch ein Zeppelin könnte in der Nähe starten.

Ihre kleine abwechslungsreiche Wanderung geht nun dem Ende zu, an der Bushaltestelle »Mülheim Wasserturm« in unmittelbarer Nähe zum ❻ **FULERUMER WASSERTURM** können Sie den Bus besteigen

TOUR 15
DÜFTE IM KRÄUTERGARTEN GENIESSEN

KULTURPERLE BEGEGNET NATUR UND DORFIDYLL

MÜLHEIM - KLOSTER SAARN - DORF SAARN - RUHRAUEN

Das Kloster ist ein wahres Kleinod und ein perfekter Ort für eine Feierabendauszeit. Es ist an ein gutes Wanderwegenetz angebunden, der Essener Pilgerweg führt hier entlang und auch die Ruhrauen liegen ganz nah. Ein Anschlussspaziergang ins hübsche Dorf Saarn bietet sich an.

START UND ZIEL
Bushaltestelle Mülheim, Friedrich-Freye-Straße

DISTANZ 5 km (variabel)

DAUER 2,5 Stunden oder länger

ANFAHRT
ÖPNV: Bushaltestelle Mülheim a.d. Ruhr, Friedrich-Freye-Straße, Linie 133
PKW: Kloster Saarn, Klosterstraße 53, 45481 Mülheim an der Ruhr

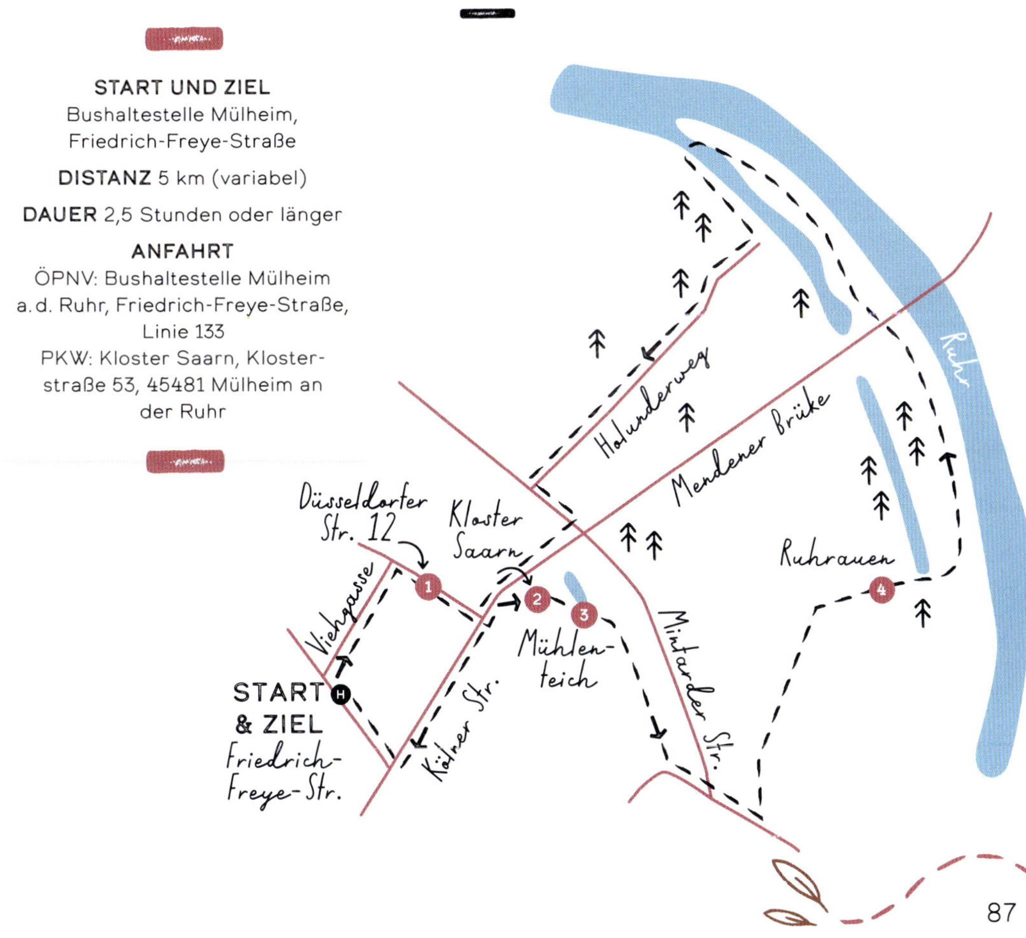

Der geschichtsträchtige Ort zieht Besucher in den Bann.

Von der Haltestelle kommend können Sie zuerst durch die Viehgasse zum bekannten ❶ HAUS AN DER DÜSSELDORFER STRASSE 12 (s. u.) in Dorf Saarn spazieren. Von dort sind es ca. zehn weitere Fußminuten, bis das Klostergelände erreicht ist. Auf dem Gelände des Klosters befinden sich neben der Klosterkirche auch der Kreuzgang und der Innenhof, das Klostermuseum, der Kräutergarten, der Mühlenteich, die Bibliothek und das Klostercafé, welches nach Betreten des Innenhofes direkt vor Ihnen liegt. Die Klosteranlage dient heute auch als Begegnungs- und Kulturstätte.

Im Jahre 1123 wurde das erste Zisterzienserkloster in Deutschland gegründet, und zwar von der Abtei Kamp am Niederrhein. Das ❷ KLOSTER SAARN, auch Mariensaal genannt, wurde 1214 als erstes Frauenkloster von Kamp aus gegründet. Es folgten äußerst bewegte Jahrhunderte mit vielen Veränderungen, auch wirtschaftliche Probleme blieben nicht aus, was die Äbte von Kamp immer wieder eingreifen ließ. Im 18. Jahrhundert erlebte das Kloster eine letzte Blütezeit und barocke Baumaßnahmen fanden statt. Im Jahre 1808 wurde unter Napoleon der Saarner Konvent aufgelöst und die Klosterkirche wurde der katholischen Gemeinde Saarn übergeben. Später wurden die Zisterzienserinnen vom Orden Sales-Oblaten abgelöst. Zeitweise existierte eine Gewehrfabrik in den Nebengebäuden, ebenso eine Tapetenfabrik und auch ein Bauernhof. Die Stadt Mülheim ist heute im Besitz des Geländes und nach großen Renovierungsarbeiten in den 1980er-Jahren befinden sich auch Wohnungen auf dem Gelände.

STIMMUNGSVOLLE RUHE

Nach Betreten des Geländes liegt zu Ihrer Linken der Klostergarten, der vielfältige Heilpflanzen beheimatet. Auch die Klosterkatzen halten sich hier gerne auf und sitzen manchmal mitten im Kräuterbeet. Eine schöne rote Bank lädt zur Ruhepause ein. Direkt dahinter liegt das Klostercafé mit abwechslungsreichen Angeboten. Wenn Sie sich am Gebäude links halten, geht es zum ❸ MÜHLENTEICH. Sie können das Gelände umrunden und kommen am Ende zur Klosterkirche. Das Museum ist nur an manchen Tagen geöffnet, der Eingang befindet sich rechts neben dem Café.

Beim Umrunden des Gebäudes kommt eine stimmungsvolle Atmosphäre auf. Es ist zu spüren, dass dies ein geschichtsträchtiger Ort ist. Der kurze Weg um das Gebäude ist äußerst abwechslungsreich und man darf gespannt sein, wie es hinter der nächsten Ecke aussieht. Alte Natursteinmauern und großgewachsene Bäume finden sich hier. Die letzte Äbtissin Agathe von Heinsberg starb 1822 und ist unter einem großen Steinkreuz

KLOSTERKIRCHE SAARN

beigesetzt, ihre »sterbliche Hülle« befindet sich hier, so heißt es.

Um die Kirche betreten zu können, gehen Sie zuerst ins Hauptgebäude in der Nähe des beschriebenen Steinkreuzes. Dort werden Sie vom Abbild der früheren Äbtissin Maria Theresia von Reuschenberg empfangen. Sie gelangen nun in den Kreuzgang, von dem aus die Klosterkirche zu betreten ist. Es handelt sich um einen überdachten Arkadengang. In chronologischer Reihenfolge sind über Grabplatten die Wappen der verschiedenen Ordensschwestern angebracht. Auch der Kreuzganghof ist von hier aus zu betreten. Er ist äußerst schlicht und hell gestaltet, mit spartanisch anmutenden Steinbänken. Dennoch hat der Hof eine angenehme Atmosphäre und die Schlichtheit spiegelt das einfache Leben in einem Kloster wider.

Die Kirche stellt einen wunderbaren Ort der Ruhe dar. Nach dem Betreten finden Sie linker Hand »Josef mit dem Jesuskind«, aus Eiche um 1730 angefertigt. Ein kleines Stück weiter befindet sich eine Pietà, also eine Darstellung Marias mit dem Leichnam Jesu Christi. Diese stammt aus dem 14. Jahrhundert. Über dem Altarraum befinden sich alte wunderschöne Wandmalereien, welche 1930 übermalt und 1979 wieder freigelegt und restauriert wurden. Sie zeigen die Kreuzigung Jesu und das letzte Abendmahl. Über dem Altar schwebt die Himmelfahrtsmadonna, die aus dem Jahr 1770 stammt. Alle Zisterzienserinnenkirchen sind dem Patrozinium, also der Schutzherrschaft Mariä unterstellt. Der Altar wurde 1984 vollendet. Zwölf Trachitsteine tragen die Altarplatte und symbolisieren die zwölf Apostel. Die Glasfenster hinter dem Altar wurden 1950

von Ludwig Baur gestaltet. Beidseitig des Altars, jeweils mittig, sind Darstellungen zur Linken von Benedikt von Nursia (480–547) mit einem Becher als Symbol für einen Giftanschlag und zur Rechten von Bernhard Clairvaux (1090–1153), der die Leidenswerkzeuge Christi darstellt, zu sehen.

Gegenüber dem Altar hinter den Sitzbänken ist ein Abbild von »Jesus in der Rast« erkennbar, mit Dornenkrone auf einem Felsen sitzend. Hier befinden sich auch moderne Kreuzwegmalereien aus dem Jahre 1995 von Ursula Graeff-Hirsch. Was für eine schöne und stilvolle Verbindung aus historisch und modern. Das opulent wirkende Taufbecken stammt vom Ende des 19. Jahrhunderts.

Die kleine Kirche bietet die Möglichkeit, eine Zeit der Stille erleben zu können. Nehmen Sie an unterschiedlichen Orten Platz und lassen Sie die Kunstwerke und die Räumlichkeiten aus verschiedenen Blickwinkeln auf sich wirken. Die Werke aus unterschiedlichen Epochen bis in die aktuelle Zeit geben der Kirche etwas sehr Lebendiges. Ein Ort, an dem man sich wirklich gerne aufhält.

Vielleicht haben Sie nach dem Besuch der Kirche noch Lust, das Klostermuseum zu besichtigen, welches jedoch nur eingeschränkte Öffnungszeiten hat, oder Sie lassen den Tag im Klostercafé ausklingen. Hier haben Sie Gelegenheit, ein paar Notizen in Ihr Auszeit-Tagebuch zu schreiben.

Im weiteren Verlauf laden die nahe gelegenen Saarner 4 **RUHRAUEN** zu einem Naturspaziergang ein. Mit 12 Hektar befindet sich hier eines der kleinsten Naturschutzgebiete Nordrhein-Westfalens. Es leben zum Beispiel Misteldrossel, Gartenbaumläufer, Kleiber, Zilpzalp, Mönchsgrasmücke, Gelbspötter und Heckenbraunelle hier. Im Frühling und Herbst lassen sich hier viele Zugvögel wie die nordische Wintergans und verschiedene Entenarten nieder.

Auch das Dorf Saarn, wie es liebevoll genannt wird, lässt sich unweit auf der anderen Seite der Bundesstraße (»Am Klostermarkt«) noch mit einem gemütlichen Spaziergang erkunden. Einige denkmalgeschützte Fachwerkhäuser finden sich hier. Aufgrund des Baustils fällt das oben erwähnte Haus an der Düsseldorfer Straße 12 sofort ins Auge. Es wurde um 1750 erbaut und der

KLOSTERKIRCHE SAARN –

ORT ZUM AUFBLÜHEN

Stil richtete sich nach der barocken Bauweise des Klosters Saarn. Mündlichen Überlieferungen zufolge handelt es sich um ein Gästehaus des ehemaligen Zisterzienserinnenklosters. Ein kleiner Friedhof und die Saarner Dorfkirche befinden sich in unmittelbarer Nähe. Die Kirche ist ein kleines Schmuckstück. Unübersehbar auf dem Fußgängerweg ist in diesem dörflichen Ensemble auch eine Skulptur von Otto Pankok beheimatet. Pankok war einer der bekanntesten Bürger Saarns und seine Skulptur »Spielendes Kind mit Ball« schmückt heute die Straße. Pankoks Kunst galt im Regime des Nationalsozialismus als »Entartete Kunst«, sodass er 1936 Arbeitsverbot erhielt.

Ob die Ruhrauen oder das Dorf Saarn, beides eignet sich wunderbar, um Ihre Auszeit ausklingen zu lassen.

HIMMELFAHRTSMADONNA

WEITERE INFOS:

→ Kirche: Öffnungszeiten i. d. R. 10–18 Uhr
→ Museum: www.kloster-saarn.com/museum

SATTES GRÜN UND SANFTE HÜGEL

SCHÖN, SCHÖNER, ELFRINGHAUSER SCHWEIZ

VELBERT - HATTINGEN - ELFRINGHAUSER SCHWEIZ

Die Elfringhauser Schweiz trägt ihren Namen nicht ohne Grund. Lassen Sie sich auf eine achtsame Wanderung und ein Waldbad entlang des Felderbachs entführen. Liebliche, idyllische Wege führen Sie in diesem Naturschutzgebiet in ein kleines Paradies.

START UND ZIEL
S-Bahnhof Velbert-Nierenhof

DISTANZ 5,6 km

DAUER 2,5 Stunden oder länger

ANFAHRT
ÖPNV: S-Bahnhof Velbert-Nierenhof, Linie S9
PKW: Wanderparkplatz Am Künning, Felderbachstraße, 45529 Hattingen (Einstieg in Wanderung auf halber Strecke nahe Brücke über Felderbachtal)

MITNEHMEN
Sitzkissen, Picknick

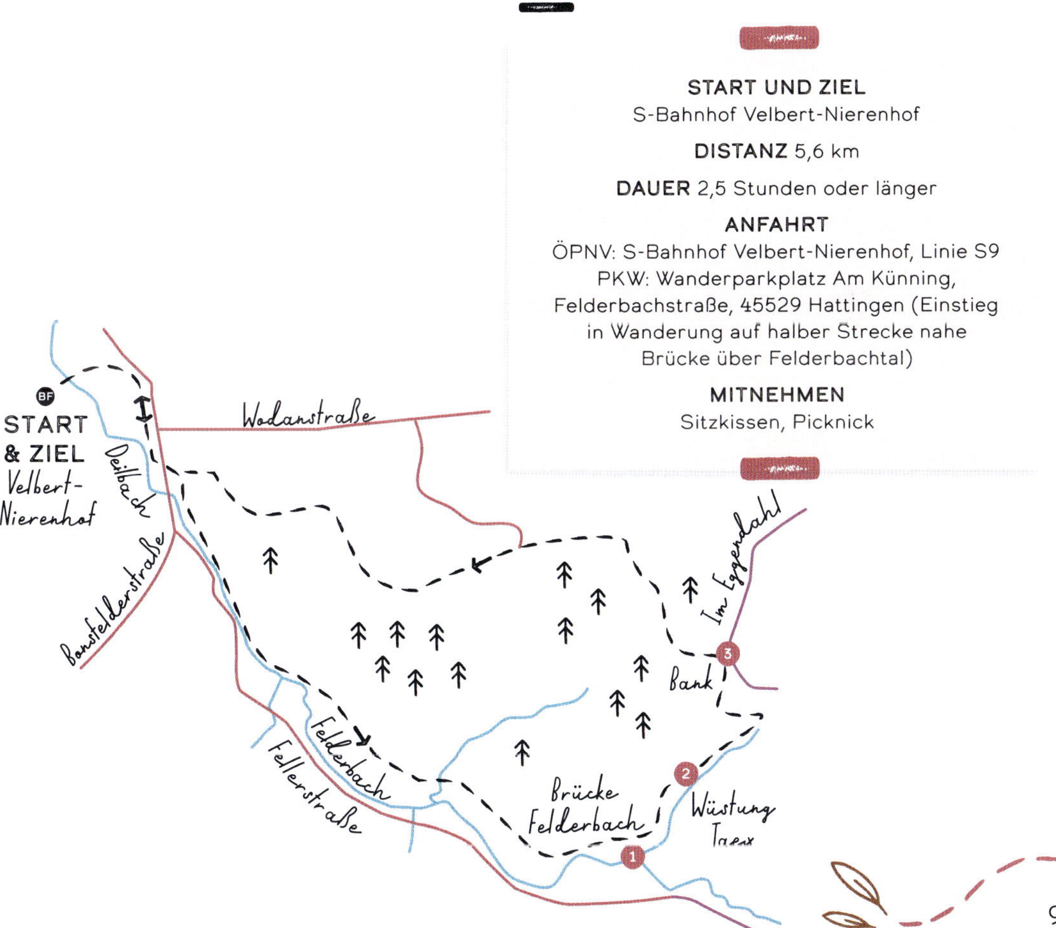

Staunen und Intuition sollen Sie begleiten.

Zwischen Velbert, Hattingen, Sprockhövel und Wuppertal erstreckt sich die Elfringhauser Schweiz, ein kleines romantisches Mittelgebirge, südlich des idyllischen Ruhrtals gelegen. Auch »Hattinger Hügelland« genannt, ist das Gebiet ein wahres Wanderparadies. Zwei tiefe Bachtäler, das Felderbachtal und das Deilbachtal, prägen diese Region. Am südöstlichen Rand befinden sich Teile des Steinkohlegebirges und es befanden sich dort die ältesten Steinkohlebergwerke des Ruhrgebietes.

Diese Auszeit startet am S-Bahnhof »Velbert-Nierenhof« und verläuft sowohl über Velberter als auch über Hattinger Gebiet. Beim achtsamen Waldbaden und Wandern darf das Handy Pause haben. Anhand der einfachen Wegbeschreibung und der Wanderzeichen kommen Sie auch ohne Navigation zurecht. Das entsprechende Wanderzeichen auf der ersten Hälfte der Tour ist **◊7**, abgelöst von **H** und später **L**. Zu Beginn geht es Richtung Nordwesten über die Bonsfelder Straße, vorbei am Busbahnhof

NATURWISSEN

WALDBADEN AUF JAPANISCH – SHINRIN-YOKU

Die Japaner nennen das Waldbaden »Shinrin-Yoku« und praktizieren es bereits seit einigen Jahrzehnten zur Gesunderhaltung. In Japan wurde 2007 die »Japanische Gesellschaft für Waldmedizin« gegründet und die Wirkung des Waldes auf den Menschen erforscht.

Vor allem das Waldinnenklima zeigt nachgewiesene gesundheitsfördernde Wirkung auf den Menschen. Auch die Terpene, die Botenstoffe des Waldes, könnten dabei eine Rolle spielen. Beim Waldbaden sinken Stresshormone, Herzfrequenz und Blutdruck, die Laune hebt sich und ein inneres Gleichgewicht kann entstehen.

Körper, Geist und Seele werden angeregt, das Immunsystem gestärkt und der Parasympathikus, der Nerv der Entspannung, wird aktiviert.

Auch im Winter ist Waldbaden bei entsprechender Kleidung ein echter Genuss.

»Velbert-Nierenhof«. In einem Rechtsbogen führt die Bonsfelder Straße bald nach Süden. Gegenüber einer Tankstelle biegen Sie beim Straßenschild »Gutesweg/Wodanstraße« links ab, nach wenigen Minuten teilt sich das Sträßchen und Sie halten sich rechts. Von links werden Sie später zurückkommen. Bereits jetzt haben Sie das Felderbachtal erreicht und Ihr Mikroabenteuer »Waldbaden und achtsames Wandern« darf beginnen.

Das Plätschern des Felderbachs lässt nicht lange auf sich warten. Vielleicht verringern Sie Ihr Tempo ganz automatisch. Damit wären wir auch beim wichtigsten Aspekt der heutigen Tour: Langsamkeit, Entschleunigung und Achtsamkeit. Die Sinne dürfen eingesetzt werden und Staunen, Faszination und Intuition sollen Sie begleiten. Beim klassischen Waldbad ist die Strecke noch deutlich kürzer, in Verbindung mit einer achtsamen Wanderung lassen sich die Elemente des Waldbadens jedoch ebenso genießen.

Folgen Sie dem Weg am Bach und lassen den Alltag hinter sich. Die nächsten 2–3 Stunden gehören nur Ihnen und Sie können eine kleine und ganz besondere Auszeit erleben, am besten alleine bzw. schweigend unterwegs. Im Herbst erwartet Sie ein buntes Blättermeer, alle anderen Jahreszeiten eignen sich genauso, auch der Winter, wenn vielleicht Schnee liegt (das Hügelland Elfringhauser Schweiz ist durchaus schneereicher als andere Gebiete der Umgebung), dann sollten Sie jedoch unbedingt zusätzlich zwei warme Kleidungsschichten dabeihaben. In der dunklen Jahreszeit ist das Tanken von Tageslicht umso wichtiger.

Knapp die Hälfte der Strecke führt Sie am Felderbach entlang, schauen Sie auch rechts und links des Weges und bleiben nach Belieben stehen, um auf optische Entdeckungsreise zu gehen. Im Naturschutzgebiet heißt es, auf den Wegen zu bleiben und nichts zu pflücken oder mitzunehmen.

Nach 2,4 km besteht die Möglichkeit, rechts zum Felderbach hinunterzugehen, eine kleine 1 BRÜCKE führt auf die andere Seite und Sie können sich in der Nähe des Wassers einen Sitzplatz suchen. Machen Sie eine kleine Pause, die Sie in Ihr Waldbad einbeziehen. Lauschen Sie dem Wasserrauschen und lassen sich nach Belieben ihr Picknick schmecken. Sie sind ganz im Hier und Jetzt.

MÄRCHENHAFTE WALD-IMPRESSIONEN

Zurück am Hauptweg geht es nun nach links oben, dem **H** folgend - bereits nach wenigen Momenten erwartet Sie ein zauberhafter Wegabschnitt. Der Specht hämmert neue Höhlen und weitere Waldgeräusche sind zu hören. In der Ruhe liegt die Kraft und Sie dürfen ganz gemächlich den seichten Anstieg nach oben gehen, je langsamer Sie sind, desto länger befinden Sie sich in diesem Kleinod. Wer langsam ist, hat endlich Zeit. Bald sind einige seltsam gewachsene Hainbuchen erreicht, Überreste eines Niederwaldes. Sie befinden sich hier in der Nähe der 2 WÜSTUNG TAEX, einem unbekannten ehemaligen Hofgelände. Die

FARBENPRÄCHTIGER BUCHENWALD

Wuchsform der Bäume ist in der Nutzungsform des Waldes begründet: Aus Ermangelung an Brenn- und Bauholz wurden die Bäume in der Neuzeit bis ins 19. Jahrhundert hinein bis auf dem Stumpf »kurz gehalten« und Äste ab Knüppelgröße direkt verwertet, so entwickelten sich durch erneuten Austrieb die mehrstämmigen Hainbuchen. Der Anblick regt zum Staunen an und verstärkt die Atmosphäre eines Märchenwaldes, in dem hinter jeder Biegung eine Elfe erscheinen könnte. Was für ein verwunschenes Stück Natur, wenn auch durch Einwirkungen des Menschen geprägt.

Nach einer weiteren Kurve empfängt Sie ein Buchenhain mit Blätter- und Laubmeer, auch dies ist wieder ein verzaubernder Anblick. Unter dem Laub können sich Steine und Wurzeln verstecken, seien Sie achtsam beim Gehen.

NATURMANDALA

Stetig bergauf führt Sie dieser fantastische Weg und zwischendurch können Sie vielleicht Rabenvögel bei einer Unterhaltung lauschen. Auch Eichelhäher und Eichhörnchen könnten sich blicken lassen - lassen Sie das Vorhandene auf sich einwirken, ohne es zu erwarten. Das, was da ist, darf Sie erfreuen. Manchmal sind die Tiere auch still und zurückgezogen - es ist, wie es ist, so das Motto beim Waldbaden. Das gilt übrigens auch fürs Wetter, es sollte nie davon abhalten, in die Natur einzutauchen und sie in der jeweiligen Situation bewusst in sich aufzunehmen.

Wenn Ihre Seele Nahrung braucht, so wird sie diese hier finden. Ohne Gefahr, sich zu verlaufen, führt der Weg aus dem Wald heraus, bei einer nach hinten versetzten auffälligen 3 BANK geht es nach links und Sie folgen ab jetzt dem **L**. Weit schweifen die Blicke über die Felder und spätestens hier wird deutlich, der Name **SCHWEIZ** ist nicht umsonst gewählt. Zur Linken im Südwesten sind die Langenberger Sendetürme des Westdeutschen Rundfunks zu sehen und zur Rechten liegt das Wodantal. Auch Graureiher können sich sehen lassen. Auf dieser Höhe fällt das Tageslichttanken besonders leicht. Verpassen Sie nicht den Rechtsabzweig, ausgeschildert mit dem Wanderzeichen **L**, ab hier geht es nun wieder abwärts durch ein Waldgebiet. Rechts liegt ein Bauernhof, wie es noch viele in der Region gibt und bald ist der Abzweig vom Beginn der Wanderung erreicht und auf demselben Weg geht es zurück zum S-Bahnhof.

TIPP: Kommen Sie doch noch einmal wieder und gehen die Tour in anderer Richtung!

DER GINKGO – EIN LEBENDES FOSSIL

INSPIRIERENDE ORTE DER RUHE

OBERHAUSEN - GEHÖLZGARTEN UND GLEISPARK

Auf dieser kleinen, abwechslungsreichen Tour entdecken Sie in Sichtweite des Gasometers Oberhausen ein Arboretum, den Zauberlehrling und den wenig frequentierten Gleispark. Eine perfekte kurzweilige Auszeit für den Feierabend. Ruhe und inspirierende Aussichten stehen hier im Mittelpunkt.

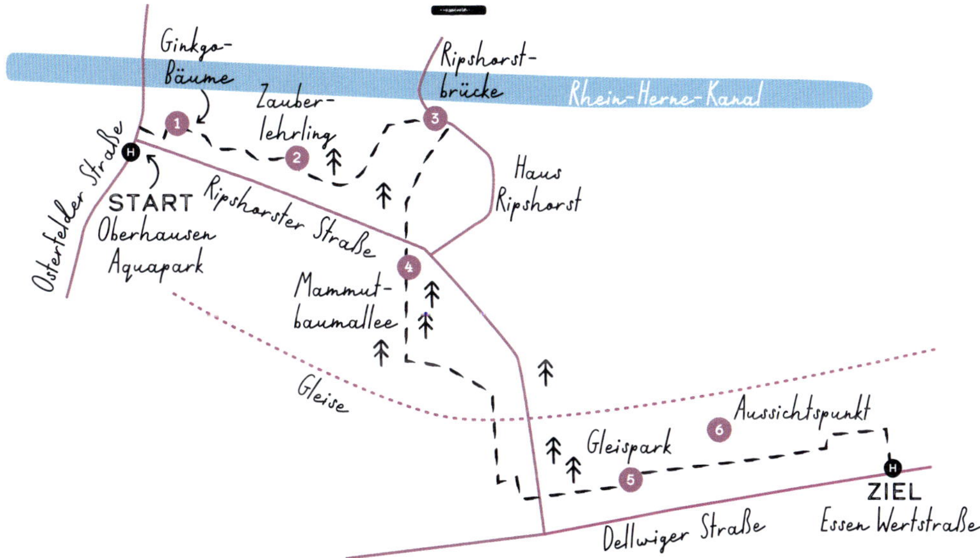

START
Bushaltestelle Oberhausen Aquapark

ZIEL
Bus- und Straßenbahnhaltestelle Essen Wertstraße, Linie 103

DISTANZ 3 km

DAUER 1,5 Stunden oder länger

ANFAHRT
ÖPNV: Bushaltestelle Oberhausen Aquapark, Linie 957
PKW: Haus Ripshorst, Ripshorster Straße 306, 46117 Oberhausen (alternativer Einstieg in die Tour)

Trotz der Nähe zur trubligen Gegend um die »Neue Mitte« existieren gleich mehrere Orte der Ruhe, die direkten Bezug zum ehemaligen Bergbau haben. Der Gehölzgarten bietet mit seinem Tertiärwald eine Zeitreise ins Reich der Bäume. Rund 6000 Bäume aus einer Vegetationsentwicklung von 60 Millionen Jahren sind hier zu finden. Unweit des Gehölzgartens begegnet Ihnen mit dem Zauberlehrling ein Kunstwerk der besonderen Art. Im anschließenden Gleispark Frintrop mit ganz eigenem Charme – er entstand als direkte Folge des Bergbaus in Form einer Brachfläche, die sich nun ungestört weiterentwickeln darf – finden sich weitere ungewöhnliche Kunstwerke: Aussichtstreppen mit Blick ins Nichts.

NATURWISSEN

GINKGO

Seinen Ursprung hat der Ginkgobaum in China und es werden ihm Heilkräfte nachgesagt. In den Blättern befinden sich verschiedene Terpene und Flavonoide, welche bei Gedächtnisstörungen und Tinnitus helfen sollen. Der Ginkgobaum ist der älteste Baum der Welt.

Von der Bushaltestelle »Aquapark« werfen Sie zunächst einen Blick in die Ripshorster Straße – eine wahre Schattenallee tut sich auf, links liegt der Gehölzgarten, rechts stehen schöne alte Backsteingebäude.

Der Gehölzgarten ist in vier Abschnitte gegliedert, welche von Westen nach Osten verlaufen:

Tertiärwald, Pionierstadien, Wiederbewaldung und Kulturgehölze. Diese Baumsammlung wächst langsam zu einem Arboretum heran. Nach deren Betreten empfängt Sie ein Platz mit 1 GINKGO-BÄUMEN, je nach Jahreszeit mit frischem Grün geschmückt.

Nach leichtem Treppab erreichen Sie eine Mammutbaumallee. In Anbetracht der Tatsache, wie schnell Mammutbäume wachsen (0,5–1 m pro Jahr) ist es eine interessante Vorstellung, wie die Allee in etwa 10 oder 20 Jahren aussehen mag. Ein Mammutbaum kann fast so groß wie das Oberhausener Gasometer werden, welches Sie zwischendurch in der Ferne entdecken können. Dieses misst eine Höhe von 117 Metern, welch gigantische Ausmaße!

Der Gehölzgarten bietet zu verschiedenen Jahreszeiten völlig unterschiedliche Eindrücke. Im Frühjahr blüht es hier überall, im Sommer sind äußerst interessante Wuchsformen von Blättern zu entdecken, im Herbst erwartet Sie leuchtendes Herbstlaub und der Aufenthalt im Winter hat auch an trüben Tagen in einem solchen »Baumgarten« positive Wirkung aufs Gemüt.

Ihr Weg, auf dem sich verschiedene Schautafeln befinden, folgt zunächst der Wanderwegauszeichnung **X.** Was tut sich denn da zwischen den Tafeln auf? Hat sich hier etwas verbogen? Ein aus der Form geratener Hochspannungsmast? Was ist passiert? Bevor Sie auf dem mit **X** gekennzeichneten Weg nach rechts abbiegen, werfen Sie unbedingt einen Blick auf den sogenannten 2 ZAUBERLEHRLING. Eine Bank lädt ein, diesen Anblick zu genießen.

ASSOZIIEREN

Lassen Sie den »Zauberlehrling«, ein absolut einzigartiges Gebilde, auf sich wirken. Welche Assoziationen haben Sie? Interessant ist auch der Kontext, in dem es sich befindet. Wahrhaftige Hochspannungsmasten sind im Umfeld zu entdecken und ganz offensichtlich tanzt hier einer aus der Reihe. Gefällt Ihnen der Anblick? Falls ja, was gefällt Ihnen konkret daran? Schreiben Sie Ihre Gedanken und Assoziationen gerne in Ihr Tagebuch.

Der **X-WEG** führt nun zur 3 RIPSHORSTBRÜCKE und ein Blick auf den Rhein-Herne-Kanal tut sich auf. Danach geht es rechts am Läppkesmühlenbach entlang, am Ende überqueren Sie die Ripshorster Straße. Auf einer leicht hügeligen Wiese folgen Sie nun der weiteren 4 MAMMUTBAUMALLEE. Ein paarmal biegen Sie rechts und links ab und nach Unterquerung der Schienen erreichen Sie den 5 GLEISPARK FRINTROP. Welch unprätentiöses Kleinod! Früher wurden hier Güterzüge mit Kohle und Eisen für den Ferntransport vorbereitet. Allerdings reisten auch viele Sämlinge und Tiere mit und so fand ein ungewollter Exotenimport statt, wie so häufig im Ruhrgebiet. Dieser kleine Park, von Eisenbahnschienen umgeben, hat seinen ganz eigenen Charme. Vorbei an Blumenwiesen und durch ein Wäldchen, in dem Birke an Birke steht, auf teils kleinen Pfaden unterwegs, entdecken Sie im Sommer verschiedenste Gräser und Blumen – ein völlig anderer Charakter als im Gehölzgarten. Es gibt sowohl schattige Wege als auch solche über Freiflächen. Nur wenige Jogger und Radfahrerinnen verirren sich hierhin. Nicht zuletzt durch mehrere 6 AUSSICHTSPUNKTE, die zum Schmunzeln anregen, besticht dieser Park. Lassen Sie auch hier Ihren Assoziationen freien Lauf! Absolut empfehlenswert, wenn Sie Ruhe suchen.

Wie so häufig im Ruhrgebiet haben Sie die Stadt gewechselt, ohne es zu merken. Ziel ist die Haltestelle Essen Wertstraße.

SLINKY SPRINGS TO FAME – KUNST AM KANAL

EIN HERBSTSPAZIERGANG FÜR DIE SEELE

OBERHAUSEN - KAISERGARTEN - SCHLOSS - RHEIN-HERNE-KANAL

Der Kaisergarten lädt auf kurzen Wegen dazu ein abzuschalten. Wunderschöne Ausblicke, skurril gewachsene Bäume oder auch Begegnungen im nahen Tierpark machen dies leicht. Eine originelle Brücke und Schloss Oberhausen mit seiner Ludwiggalerie sowie angeschlossener Gastronomie runden die Tour auch kulinarisch ab.

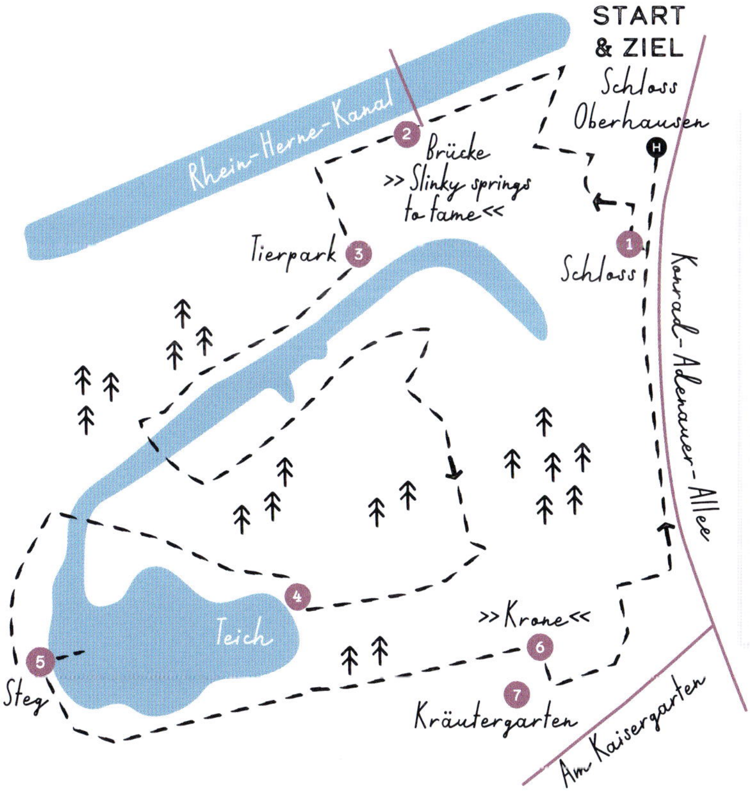

START UND ZIEL
Bushaltestelle Schloss Oberhausen

DISTANZ 2,8 km (variabel)

DAUER 1-2 Stunden

ANFAHRT
ÖPNV: Bushaltestelle Schloss Oberhausen, Buslinien 956, 966
PKW: Ludwiggalerie Schloss Oberhausen, Konrad-Adenauer-Allee 46, 46049 Oberhausen (Parkplatz vorhanden)

MITNEHMEN
Buch, ggf. Decke

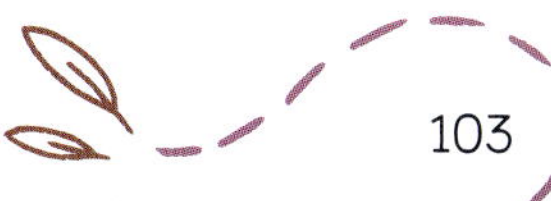

Der Kaisergarten ist mit einer Größe von etwa 29 Hektar der älteste Park Oberhausens und wurde 1898 nach Kaiser Wilhelm I. benannt. Die Industriestadt wollte ihren Bewohnern einen Ort der Erholung bieten, was ihr gelungen ist.

Die Bushaltestelle »Schloss Oberhausen« liegt in unmittelbarer Nähe des Kaisergartens. Die heutige Runde führt Sie zuerst zum ❶ **SCHLOSS** mit seiner Ludwiggalerie und angrenzender Gastronomie, dann weiter zum Rhein-Herne-Kanal mit seiner originellen ❷ **BRÜCKE** namens »Slinky springs to fame«, die dem Spielzeug Slinky (»Treppenläufer«) nachempfunden ist. Kurz darauf erreichen Sie bereits den Eingang zum ❸ **TIERPARK** (Eintritt frei). Ganz nach Belieben können Sie diese Orte am Anfang oder am Ende Ihrer Tour aufsuchen. Im Kaisergarten selbst können Sie auf kurzen Strecken erholsame Plätze und durch den Waldbestand schattige Wege erleben. Auch für eine ausgedehnte Mittagspause ist die kleine Tour durch den Park bestens geeignet. Am Wochenende sind aufgrund des Tierparks einige Menschen unterwegs. Sobald es herbstlich wird oder Sie auf einen Werktag ausweichen, ist das Menschenaufkommen jedoch äußerst überschaubar und Sie können viele Orte der Ruhe finden.

Bald passieren Sie einen äußerst skurril gewachsenen Baum, bei dessen Anblick sich die Frage stellt, ob er einst umgestürzt ist.

NATURWISSEN

WALDMEISTER

In freier Natur ist Waldmeister in lichten Laubwäldern zu finden und blüht ab Mitte April bis Anfang Mai mit zarten weißen Blüten. Das enthaltene Cumarin ist leicht giftig. Bei geringer Dosierung kann es zu beschwingender Wirkung kommen und gegen Kopfschmerzen wirken. Bei Zubereitung von Maibowle sollte man zurückhaltend sein und sich bewährter Rezepte bedienen.

Nehmen Sie sich Zeit für diese Momente der Entdeckung. Die Wiesen dürfen betreten werden und so bietet es sich an, den Baum aus der Nähe zu betrachten. Solche Augenblicke der Faszination und des Innehaltens führen Sie automatisch ins Hier und Jetzt, andere Gedanken treten in den Hintergrund.

Nun liegt der große ❹ **TEICH** des Parks vor Ihnen, in dem verschiedene Wasservogelarten wie Stockenten, Blesshühner oder auch Kormorane leben. Der Park bietet äußerst viele bequeme Ruhebänke, sodass Sie Ihren Schlenderkurs nach Belieben unterbrechen und z. B. einfach aufs Wasser schauen können. Auch in Ihrem mitgebrachten Buch können Sie schmökern oder Sie schließen die Augen und genießen die Stille.

Wenn Sie einen Platz der Ruhe gefunden haben, möchte ich Sie einladen, innerlich zu lächeln. Lächeln kann innere Anspannung sowie Gesichtsverspannung augenblicklich lösen und zu größerem Wohlbefinden führen. Lesen Sie den Text im Kasten vorher durch und legen ihn dann beiseite.

Auf Ihrem weiteren Weg gelangen Sie bald zu einem kleinen 5 STEG, der erneut zum Verweilen einlädt. Auf der gegenüberliegenden Seite des Teichs befindet sich die Skulptur einer 6 KRONE, die einen schönen Blickfang darstellt. In unmittelbarer Nähe am Rande des Parks liegt ein kleiner, einsam gelegener 7 KRÄUTERGARTEN. Lassen Sie sich von den Kräuterdüften bzw. vom Anblick der Pflanzen betören, die teilweise bis in den Herbst hinein blühen. Majoran, Waldmeister, Salbei, Meerrettich und Beinwell sind u.a. zu finden. An heißen Tagen finden Sie hier ein schattiges Plätzchen.

Lassen Sie Ihre Auszeit in Ruhe ausklingen oder besuchen am Ende noch einen der anfangs erwähnten Orte.

WEITERE INFOS:

→ Museum Ludwiggalerie: Normalpreis 8 €
→ www.ludwiggalerie.de

INNERES LÄCHELN (AUS DEM QI GONG)

Nehmen Sie eine bequeme und aufgerichtete Haltung im Sitzen ein (sollte es zu kalt sein, können Sie auch stehen bleiben), legen Ihre Hände in den Schoß, schließen die Augen und nehmen die Kontaktpunkte zwischen Körper und Boden wahr. Nun lassen Sie sich auch innerlich nieder. Und dann, ganz unbeobachtet, lächeln Sie. Beginnen Sie mit Mund und Augen, als wollten Sie einer anderen Person zulächeln. Lassen Sie das Lächeln in Ihren ganzen Körper strömen, bis in Zehen und Fingerspitzen. Vielleicht spüren Sie dabei Wärme oder Helligkeit; nehmen Sie Ihre Empfindungen ohne Bewertung wahr. Sollte ein Körperteil schmerzen, schicken Sie das Lächeln auch dorthin. Sie können so Ihre Selbstheilungskräfte stärken. Die Quelle des Lächelns ist unser Herz, seien Sie sich dessen bewusst und genießen Sie noch einige Momente Ihre Auszeit und schenken sich selbst Freundlichkeit.

Abschließend reiben Sie Ihre Hände warm und legen sie über Augen und Gesicht, streichen dann langsam darüber und öffnen wieder Ihre Augen.

TOUR 19
SPIEGELGLATTER HEIDHOFSEE – ORT DER RUHE

AM LIEBLICHEN GEWÄSSER DIE ZEIT VERGESSEN

BOTTROP - KIRCHHELLER HEIDE - HEIDHOFSEE

Glitzerndes Wasser und Stille laden ein, um in der Kirchheller Heide, zugehörig zum Naturpark Hohe Mark, die Seele baumeln zu lassen. Ein Buch zum Schmökern und wunderschöne Blicke auf den idyllischen Heidhofsee lassen den Alltag schnell vergessen.

START UND ZIEL
Bushaltestelle Bottrop-Hiesfelder Straße

DISTANZ ca. 7 km (variabel)

DAUER 2,5 Stunden oder länger

ANFAHRT
ÖPNV: Bushaltestelle Bottrop-Hiesfelder Straße, Linie TB 269

MITNEHMEN
Buch zum Schmökern

GUT ZU WISSEN
Taxibus mind. 45 Min. vor der im Fahrplan angegebenen Abfahrtszeit bestellen; ÖPNV-Tarif

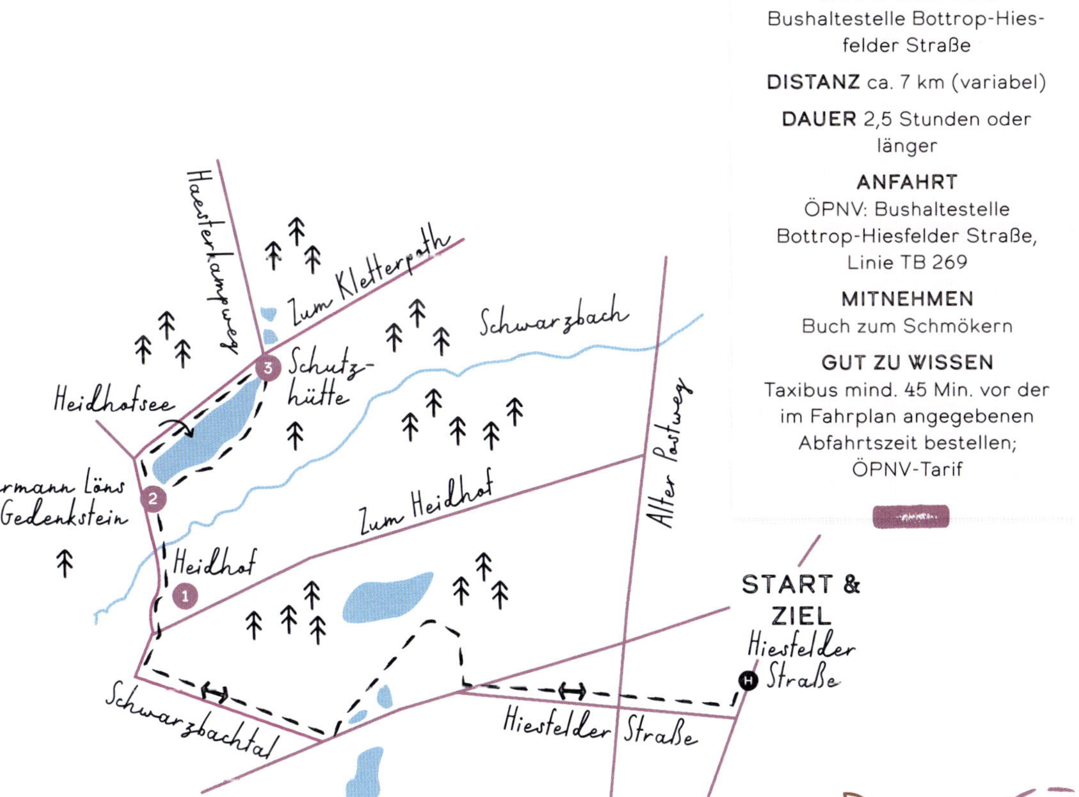

Die Kirchheller Heide erstreckt sich vor den Toren des Ruhrgebiets bis hin in den Norden an die Lippe. Es lässt sich hier sehr gut wandern, Rad fahren und auch reiten. Sanfte Hügel sind genauso wie moorige Niederungen zu finden, in denen Bergsenkungen dazu geführt haben, dass sich neue Seen bilden. Gleich mehrere Gewässer wie Weihnachts- und Pfingstsee, Heidesee sowie Heidhofsee machen das Gebiet zu einem äußerst charmanten und abwechslungsreichen Naturerholungsgebiet. Zudem existiert eine Vielzahl von kleinen Bächen, wie Rotbach, Schwarzbach und Elsbach. Dicht bewaldete Gebiete mit Kiefern, Eichen und Birken, teils in Naturwaldzellen, in denen keine menschlichen Eingriffe mehr stattfinden, wechseln sich mit Wiesen, Buschland und moorigen Feuchtgebiete ab.

Von der Haltestelle geht es Richtung Westen durch die Hiesfelder Straße und am Ende halten Sie sich rechts Richtung Norden, nach etwa 25 Minuten haben Sie den ❶ HEIDHOF erreicht. Vom Hofgelände kommend verlassen Sie diesen in nördlicher Richtung. Links liegt ein großflächiger Spielplatz. Nach kurzer Zeit quert der Weg den kleinen Schwarzbach und nach wenigen Gehminuten gelangt man zum ❷ GEDENKSTEIN für Hermann Löns, dem 1866 geborenen Heidedichter und Naturschützer. Aufgrund seiner deutlich völkischen Haltung, die ihm Verehrung durch die Nationalsozialisten einbrachte, ist dessen Andenken jedoch zweischneidig zu betrachten. Unmittelbar danach wird der hübsche Heidhofsee erreicht und ein weiter Blick über den See tut sich auf - perfekt für eine kleine Auszeit inklusive vieler Pausenbänke.

DER HEIDHOFSEE

In der Kirchheller Heide wurde bzw. wird immer noch Kies und Sand abgebaut. Der größte Baggersee ist der oben erwähnte Heidesee, der etwa eine Fläche von 37 Hektar umfasst und somit einer der größten

NATURWISSEN

LINDE

In unseren Breiten gibt es Winter- und Sommerlinde. Man sagt, eine Linde komme 300 Jahre, stehe 300 Jahre und vergehe 300 Jahre. Anders als beispielsweise die Eiche enthält das Holz der Linde keine fäulnisresistenten Gerbstoffe und sie vermorscht sozusagen von innen heraus. Die Linde hat jedoch das Vermögen, sich selbst zu verjüngen, indem sie neue Innenwurzeln ausbildet, die vom greisen Stamm Richtung Boden wachsen, sich dort verankern und eine neue Krone bilden, wenn der alte Baum abstirbt.

NATUR PUR

seiner Art in Westfalen ist. Deutlich kleiner ist der Heidhofsee, er umfasst knapp 5 Hektar Fläche. Hier wird heute natürlich nicht mehr gebaggert.

Nun heißt es für Sie, zu schlendern und beim Blick aufs Wasser die Seele baumeln zu lassen.

FASZINATION UND ENTSPANNUNG

Suchen Sie sich eine ruhige Bank und genießen den Blick aufs Wasser. Wahrscheinlich können Sie verschiedene Wasservögel beobachten, die im klaren Wasser ihre Bahnen ziehen. Erfreuen Sie sich am Blick auf den See und kommen innerlich zur Ruhe. Ein solch idyllischer Ort kann faszinierende und inspirierende Wirkung zugleich ausüben. Faszination führt ins Hier und Jetzt.

Beim Umrunden des Sees im Uhrzeigersinn erreichen Sie bald ein ehemaliges Moor, das sogenannte Kletterpoth, das zu früheren Zeiten einen kleinen Heidesee beinhaltete. 1926 wurde das Moor unter Naturschutz gestellt. In den 1950er- bis 1980er-Jahren fanden jedoch große Abgrabungen in der Umgebung statt, die letztendlich zu einer Grundwassersenkung und somit zu einer fast gänzlichen Trockenlegung des Moores führten. Weiter des Weges erreichen Sie eine ❸ SCHUTZHÜTTE, die sich vor einer großen Wiese mit einer Winterlinde befindet. Die trockenen, heißen Sommer der letzten Jahre setzen ihr, auf dieser Fläche gnadenlos der Sonne ausgeliefert, sichtbar zu. Betrachten Sie die Linde eine Weile, wie sie dort – allen Widrigkeiten der Natur zum Trotz – prächtig auf der großen Wiese steht und Vögeln und Insekten Unterschlupf bietet.

Zurück geht es zum Heidhof und Ihre individuelle Rückreise beginnt, es sei denn, Sie wollen weitere Areale der Kirchheller Heide erkunden, vielleicht auf einer kleinen Radtour. Sollten Sie zur Bushaltestelle zurückgehen, denken Sie daran, den Taxibus zu bestellen.

WEITERE INFOS:

→ Adresse: Zum Heidhof 25, 46244 Bottrop-Kirchhellen. Kein Parkplatz in direkter Nähe!
→ Taxibus: 02366/186186; www.vestische.de
→ Nächstgelegener Bahnhof: Gladbeck-West, Linie S9, Entfernung 9 km. Fahrräder können transportiert werden.

UNZÄHLIGE WEGE LADEN ZUM ERKUNDEN EIN.

EIN SAGENUMWOBENER WALD

DUISBURG – STADTWALD UND ALTER STEINBRUCH

Im geheimnisumwobenen Duisburger Stadtwald sollen einst Zwerge gelebt und Räuber ihre Verstecke gehabt haben. Dort befinden sich ein heiliger Brunnen und ein alter idyllischer Steinbruch, der bereits im Mittelalter eine Rolle spielte. Ein wunderbarer Ort, um zu malen.

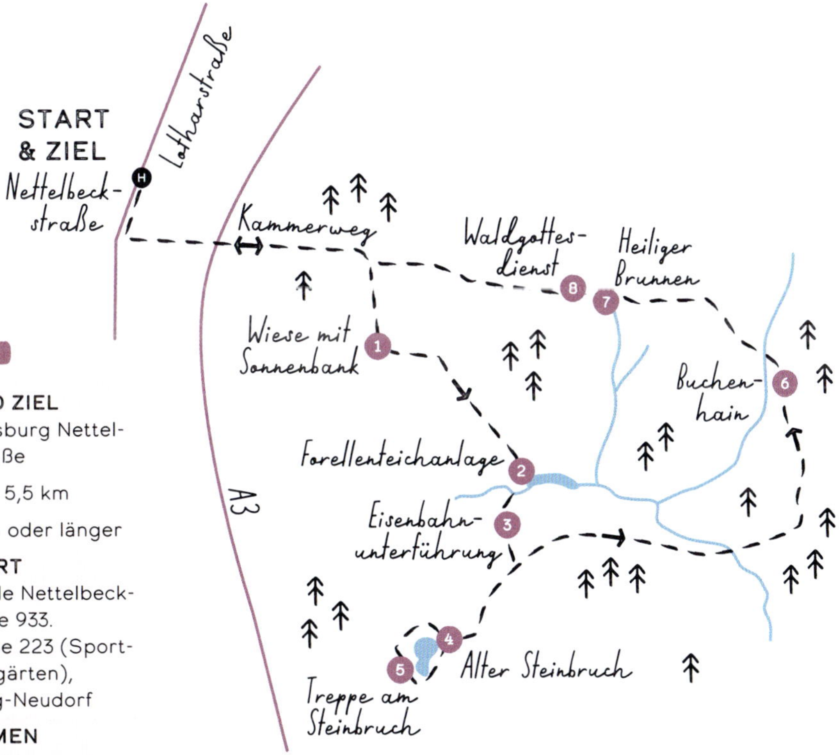

Lotharstraße
START & ZIEL
Nettelbeckstraße
Kammerweg
A3
Waldgottesdienst
Heiliger Brunnen
1 Wiese mit Sonnenbank
2 Forellenteichanlage
3 Eisenbahnunterführung
4 Alter Steinbruch
5 Treppe am Steinbruch
6 Buchenhain
7
8

START UND ZIEL
Bushaltestelle Duisburg Nettelbeckstraße

DISTANZ ca. 5,5 km

DAUER 2 Stunden oder länger

ANFAHRT
ÖPNV: Bushaltestelle Nettelbeckstraße, Linie 933.
PKW: Kammerstraße 223 (Sportanlage; Kleingärten), 47057 Duisburg-Neudorf

MITNEHMEN
Malutensilien

Der Duisburger Stadtwald bedeckt knapp 11 Prozent der gesamten Stadtfläche und ist einer der ältesten Stadtwälder im Rheinland. Vor etwa 1000 Jahren entstand hier ein Genossenschaftswald mit Beteiligung der Stadt. Erfreuliche 7 Prozent der Fläche werden heute sich selbst überlassen. Beim Durchqueren des Waldes werden Sie schnell feststellen, dass er viel Totholz enthält und insgesamt sehr »unaufgeräumt« und ursprünglich wirkt. Unmerklich gehen Duisburger und Mülheimer Stadtwald ineinander über.

Los geht es an der Bushaltestelle, die sich in unmittelbarer Nähe des Waldzugangs befindet. Kaum haben Sie die Bahnstrecke und die Autobahn unterquert, befinden Sie sich bereits im dichten Grün. Leicht bergauf und die Autobahn hinter sich lassend beginnt diese Tour. Sowohl Bänke als auch Infotafeln laden immer wieder zum Verweilen ein. An einer Kreuzung geht es nach rechts, linker Hand sind bald kleine Tipis im Wald zu sehen. Kurz danach erreichen Sie eine kleine ❶ WIESE mit einer schönen Liegebank. Der Duisburger Stadtwald wird von der hier heimischen Buche dominiert und enthält nur 15 Prozent (nicht heimischen) Nadelwald, auch das ist nicht zu übersehen. Außerdem stehen hier sehr viele Eiben, die insgesamt in hiesigen Wäldern eher selten geworden sind. Weiter geht es nach links den Anstieg hoch auf einen besonders abwechslungsreichen Abschnitt und Sie sind eingeladen, beidseits des Wegs zu schauen - es gibt einiges zu entdecken. Sollten Sie sich über den sehr niedrigen Wald wundern: Hier hat nach Sturmschäden Wiederaufforstung stattgefunden. Auch tote, noch stehende Bäume sind vorhanden, sie bieten u.a. Lebensraum für den Buntspecht. Vorbei an einer ❷ FORELLENTEICHANLAGE, in der übrigens ausgesetzte Schildkröten heimisch geworden sind, und nach Querung des »Nachtigallentals« führt der Weg dann durch zwei alte ❸ EISENBAHNUNTERFÜHRUNGEN. Nun biegen Sie rechts in den Steinbruchweg (ohne Kennzeichnung) und schon bald ist der alte, verwunschene ❹ STEINBRUCH erreicht. Umrunden Sie ihn entweder auf den ganz kleinen Pfaden über Stock und Stein, was mit festen Schuhen gut möglich ist, oder folgen Sie noch ein Stück dem geschotterten Weg und stoßen dann über einen kleinen Pfad nach links zum Steinbruch. Hier befindet sich eine kleine ❺ TREPPE, auf der es sich gut Platz nehmen lässt. Vielleicht bekommen Sie Besuch von der Entenschar, die gerne den von Wasserlinsen (auch Entengrütze genannt) bedeckten Teich durchquert und sichtbare Bahnen hinterlässt. Äußerst amüsant ist es, wenn wie auf Knopfdruck alle Enten gleichzeitig die Wasserlinsen schlürfen oder auch gleichzeitig wieder aufhören.

Bereits im Mittelalter wurden in diesem Steinbruch Steine gebrochen. Eine Zeit lang durften auch Bürger der Stadt Duisburg Steine zum Hausbau nutzen. Vor allem aber dienten die Steine dem Bau der Stadtmauer. Seit 1874 wird hier nichts mehr abgebaut

IMPOSANTES FARBENSPIEL

und die Natur konnte sich dieses kleine Areal zurückerobern. Spannend ist der Baumbewuchs an der Abbruchkante, hier finden sich bizarr gewachsene Rotbuchen. Dieses Kleinod ist wie geschaffen, um dem Pinsel und Ihrem inneren Künstler freien Lauf zu lassen. Auch wenn Sie sonst nie malen sollten, es aber an einem Ort in freier Natur einmal ausprobieren wollen, so machen Sie es hier. Entscheiden Sie, wo Sie sich dafür niederlassen wollen, die Treppe eignet sich hervorragend. Im Frühling und Sommer sollten Sie genügend von der Farbe Grün dabeihaben, denn dieser beruhigende Farbton dominiert hier. Bei Sonnenschein nehmen Sie das Schattenspiel der Bäume wahr.

Genießen Sie Ihre heutige Auszeit noch eine Weile an diesem Ort, der in seiner

FARBTÖNE

Welche Grüntöne (oder im Winter Brauntöne) können Sie sehen? Ohne die Anzahl zählen zu wollen, nehmen Sie einfach die verschiedenen Farbtöne wahr. Übrigens tut der Blick ins Grüne nicht nur der Seele, sondern auch den Augen gut und hilft bei Schmerzen und Heilungsvorgängen. Menschen, die im Krankenhaus mit Blick ins Grüne liegen, genesen schneller.

Stimmung völlig kontrovers zu einem anderen Ereignis ist, das dem Ort nachgesagt wird: Gleich neben dem Steinbruch befindet sich eine Höhle, in der früher vergeblich nach Kohle gesucht wurde. In dieser sogenannten Schinderhanneshöhle soll einst der Räuber Schinderhannes Unterschlupf gesucht haben. Dies ist jedoch eine Sage und eigentlich müsste die Höhle »Fetzerhöhle« heißen. Der sogenannte Fetzer, Matthias Weber, war ein Schwerverbrecher, der den Schinderhannes aus dem Hunsrück aus gemeinsamen Gefängniszeiten kannte. Seinen Namen erhielt er, weil er häufig die Planen von Postkutschen aufschlitzte.

SPIRITUELLE KRAFTORTE

Begeben Sie sich nun auf den Rückweg, der noch einige interessante Orte bereithält. Anfänglich auf demselben Weg geht es an der Kreuzung vor den beiden Unterführungen nun geradeaus durch den Weg »Rehbusch«. An der Gabelung geht es nach links und bald sehen Sie linker Hand ein kleines Feuchtbiotop. Am Ende des Weges überqueren Sie nach links die Eisenbahnschienen und laufen ein kleines Stück auf dem asphaltierten Duisburger und Mülheimer Rundweg. Sie befinden sich hier genau auf der Grenze der beiden Städte. Beim Verlassen dieses Wegs nach links befindet sich rechts von Ihnen nun ein wunderschöner kleiner 6 BUCHENHAIN. Hier wächst Roter Fingerhut, der mit seinen leuchtend roten Blüten hervorsticht.

Weiter geht es zum 7 HEILIGEN BRUNNEN, auch Marienquelle genannt. Bereits 1562 wurde hier vergeblich nach Kohle gegraben. Woher der Glaube an die angebliche Heilkraft des Wassers stammt, ist ungeklärt. Einst wurde am Brunnen ein Beil aus Bronze gefunden, welches über 3000 Jahre alt ist. Heute befindet es sich im

NATURWISSEN

FINGERHUT

Der Fingerhut kann über zwei Meter groß werden und ist durch seinen Blütenstand fast unverwechselbar. Die Blüten erinnern an Glocken oder eben an Hüte. Stehen die Pflanzen in der direkten Sonne, so sind ihre Blüten klar nach Süden ausgerichtet und bieten so eine Orientierungsmöglichkeit – auch im Schatten stehend ist ihre Ausrichtung tendenziell in Richtung Süden. Alles am Fingerhut ist hochgiftig. In der Medizin jedoch spielt der Wirkstoff Digitalis, der sich im lateinischen Namen der Pflanze, Digitalis purpurea, wiederfindet, als Herzmedikament eine große Rolle. Hummel und Fingerhut mögen sich ganz besonders: Die Hummel hat genau die richtige Größe, um in die große Blüte einzudringen und mit ihrem Rücken den Blütenstaub mitzunehmen.

FARBENPRÄCHTIGER FINGERHUT

Duisburger Stadtmuseum. Es könnte sich um eine Opfergabe gehandelt haben. Auch heute werden hier noch Gegenstände abgelegt – der Brunnen hat seine Anziehungskraft für spirituell und religiös Interessierte also behalten. Ganz in der Nähe führt Sie der Weg nun am **8 WALDGOTTESDIENST** vorbei, unverkennbar an den vielen Bänken. Es ist wohl kein Zufall, dass er sich in derselben Gegend befindet wie der Heilige Brunnen. Dieser Teil des Waldes wurde schon zu heidnischen Zeiten genutzt. Auf kurzem Wege geht es bergab über den Kammerweg zurück zum Ausgangspunkt.

SAGENUMWOBENE SCHINDERHANNESHÖHLE

TOUR 21
WASSERTURM HOHENBUDBERG

NATURSCHUTZGEBIET TRIFFT RUHRPOTTROMANTIK

DUISBURG – FRIEMERSHEIMER RHEINAUEN

Auf einem kurzweiligen, wunderschönen Spaziergang geht es durch die Friemersheimer Rheinauen, vorbei am Altrhein, endlosen Wiesen, Wäldchen, Feuchtwiesen und Streuobstwiesen. Lassen Sie den Blick schweifen und erleben Sie neben Natur Ruhrpottromantik pur.

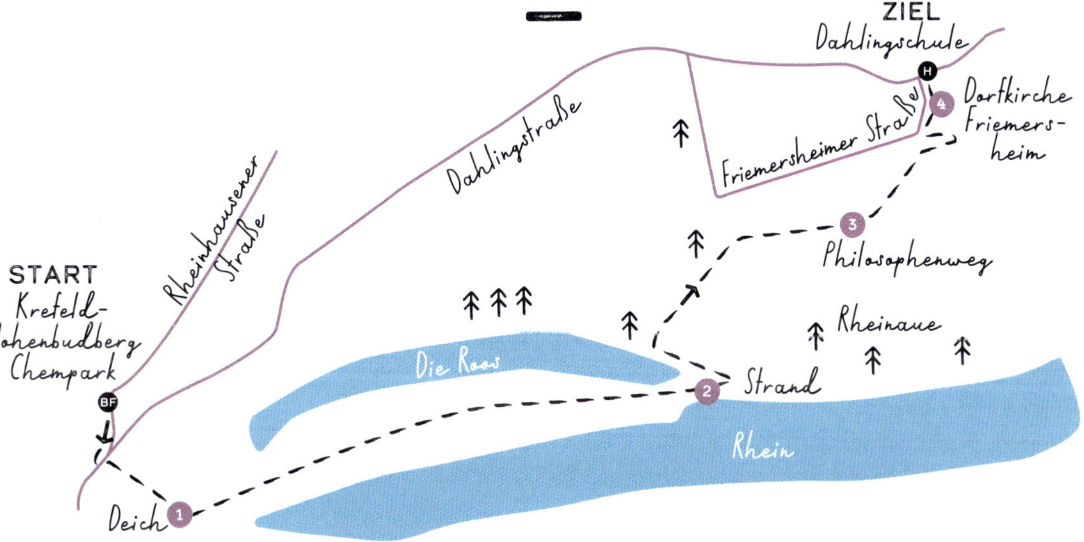

START
Regionalbahnhof Krefeld-Hohenbudberg Chempark

ZIEL
Duisburg-Friemersheim, Bushaltestelle Dahlingschule, Linien 925, 927

DISTANZ 4 km

DAUER 1,5 Stunden oder länger

ANFAHRT
ÖPNV: Regionalbahnhof Krefeld-Hohenbudberg Chempark
PKW: Friedhof Hohenbudberg, Kirchstraße 1, 47829 Krefeld

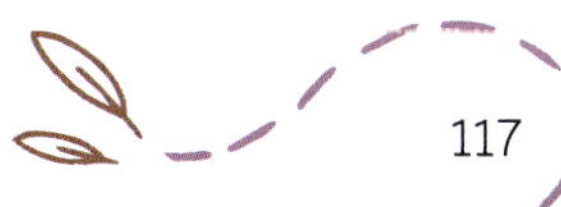

Das Gebiet umfasst 262 Hektar und etwa 600 Pflanzenarten sind hier zu finden, 10 Prozent davon stehen auf der Roten Liste. Wenn Sie Ruhe, Weitläufigkeit und weitestgehende Einsamkeit suchen, sind Sie hier genau richtig. Zwischendurch zeigt sich die beeindruckende und gewaltige Duisburger Stahlindustrie. Aber keine Sorge, dies tut dem Naturerlebnis keinen Abbruch. Ziel ist die Dorfkirche von Friemersheim, das Wahrzeichen des Stadtteils.

Los geht es an der Regionalbahnhaltestelle »Krefeld-Hohenbudberg Chempark«. So unromantisch dieser Name klingt, so romantisch ist die heutige Wegstrecke. Nach Verlassen des Bahnhofs geht es zweimal rechts, unter der Bahntrasse hindurch, und Sie laufen schon Richtung Süden auf den Rhein zu. Durch die Deichstraße am »Halloweenhaus« vorbei, lässt sich bald der ❶ DEICH erkennen. Auf diesem angekommen, geht es links immer am Rhein entlang und die weitläufige Friemersheimer Rheinauenlandschaft liegt vor Ihnen. Linker Hand lässt sich bald das Industriedenkmal »Wasserturm Hohenbudberg« erkennen. Teilweise grasen Schafe auf den Wiesen und es finden sich viele Blumen, vor allem Disteln, am Wegesrand, die für Bienen, Hummeln und Schmetterlinge Nahrung bieten. Innere Ruhe wird auf diesem schönen Wegabschnitt bald einkehren. Es besteht die Möglichkeit, auf dem Deich fast schnurgeradeaus oder direkt am Wasser zu gehen.

Links von Ihnen, versteckt hinter Bäumen, liegt »die Roos«, wie der Altrhein genannt wird. Nach ca. 2 km wird ein kleiner ❷ STRAND sichtbar und der Zugang zum Wasser ist hier besonders leicht. Ein geeigneter Ort für ein kleines Päuschen. Auf der gegenüberliegenden Rheinseite liegt Duisburg-Hüttenheim mit seinen gewaltigen Hochöfen von Mannesmann Krupp. Der Kontrast ist beeindruckend, sind doch

RÜCKWÄRTSGEHEN

Auf dem Deich lässt sich das Rückwärtsgehen wunderbar ausprobieren. Für Kinder ist es vielleicht noch eine Selbstverständlichkeit, für die meisten Erwachsenen jedoch ungewohnt. Probieren Sie es aus und Sie werden merken, dass andere Muskeln beansprucht werden. Es ist anregend für unser Gehirn, schärft die Sinne und schult Gleichgewichtssinn und Wahrnehmung. Dinge oder Orte, auf die wir uns zubewegen, werden immer größer, während beim Rückwärtsgehen alles kleiner wird. Heute dürfen Sie sich für ein paar Minuten auf diese ungewohnte Art fortbewegen. Setzen Sie ganz langsam, Schritt für Schritt, Ihre Füße bewusst ab und bewegen sich weiter in Richtung Ziel. Auch nach Ende der Übung dürfen Sie die Entschleunigung beibehalten und auf Ihrem weiteren Weg immer mal wieder einen Blick zurückwerfen.

Selten ist Naturidyll neben Ruhrpottindustrie so intensiv zu erleben.

Ruhrgebietsindustrie und idyllisches Naturschutzgebiet selten so intensiv und gleichzeitig zu erleben. Nach dem kleinen Strand geht es nach links, bis Sie auf einen weiteren Weg treffen, nochmals links lassen Sie den Blick auf den Rhein und das dahinterliegende Hüttenheim hinter sich und begehen nun einen weiteren reizvollen Weg, vorbei an Obst- und Walnussbäumen, Eichen und Schwarzem Holunder.

Sie befinden sich inzwischen auf dem ❸ PHILOSOPHENWEG. Viele Schautafeln, die die Pflanzen- und Tierwelt erläutern, stehen am Wegesrand und einige Bänke sind vorhanden. Bald werden Sie die Spitze eines Kirchturms entdecken. Dies ist die evangelische Friemersheimer Dorfkirche, das Wahrzeichen des Ortes. 1147 wurde sie als Kapelle der Abtei Werden erstmals erwähnt. Im Zweiten Weltkrieg stark zerstört, begann ab 1946 der Wiederaufbau. Bevor Sie jedoch zur Kirche gehen, können Sie noch nach rechts dem Werthschenhof einen kleinen Besuch abstatten. Der Hof wurde 1487 als Jagdschloss erbaut, noch heute ist der Turm des Gebäudes mit Burgcharakter erhalten. Bereits im 13. Jahrhundert stand hier die Burg Werth. Heute wird hier biologische Landwirtschaft betrieben. Durch Teile des in Form von Streuobstwiesen und Pferdekoppeln genutzten Gebietes sind Sie bereits gegangen.

Im Anschluss geht es weiter nach Friemersheim. Auf dem ruhigen Dorfplatz neben der ❹ DORFKIRCHE befinden sich das »Alte Pastorat«, das ehemalige Lehrerhaus und Stammhaus der Privatbrauerei Rheingold sowie das Kunstwerk »Schwerer Stand«. Auf diesem Platz geht es friedlich zu und Bänke ermöglichen einen geruhsamen Abschluss. An der nahe gelegenen Bushaltestelle »Dahlingschule« geht diese Tour zu Ende.

NATURWISSEN

HOLUNDER

Im Gegensatz zu den wohlriechenden unverwechselbaren Holunderblüten, die im Mai und Juni blühen und aus denen Sirup hergestellt werden kann, sind die Holunderfrüchte im rohen Zustand giftig und können zu Brechdurchfall und Übelkeit führen. Gekocht lassen sie sich jedoch zu Saft verarbeiten. Holunder enthält sehr viel Vitamin C und gilt als Erkältungsmittel. Es ranken sich einige Mythen um den Holunder, gilt er doch als Glücksbringer und wurde früher in Hausnähe niemals entfernt, denn es wurde ihm beschützende Wirkung für das Haus zugeschrieben.

BUNKERSTEG – ZEUGNIS DER INDUSTRIEKULTUR

AUF NEUEN WEGEN DAS KLEINE BESTAUNEN

DUISBURG – LANDSCHAFTSPARK NORD

An Abwechslung von Natur und Kultur lässt sich diese Tour kaum überbieten. Der Landschaftspark Nord zählt zu den bekanntesten Orten im Ruhrgebiet. Ausgerechnet hier eine Auszeit für die Seele? Ja, denn es gibt viele unbekannte Stellen fernab der Stahlkolosse, die es zu entdecken gilt.

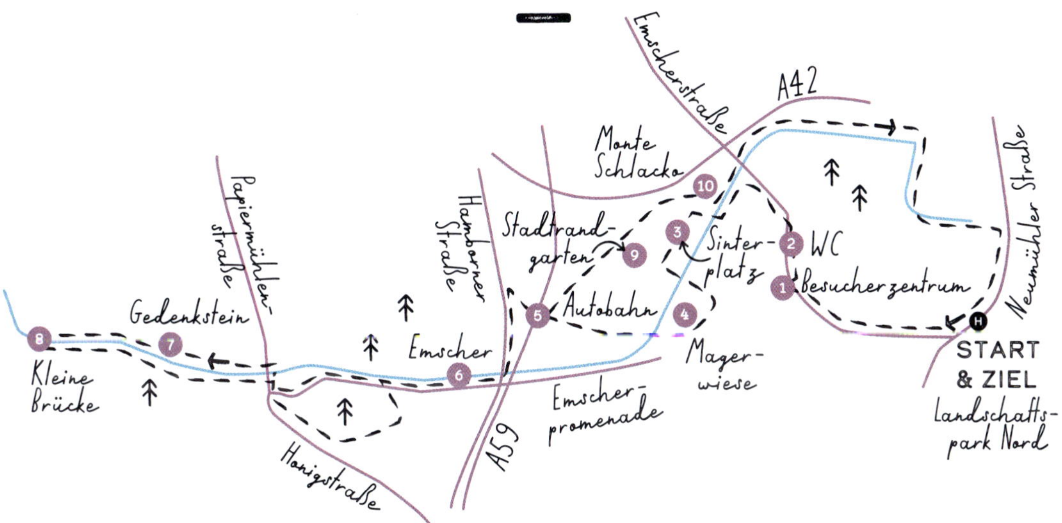

START UND ZIEL
Haltestelle Duisburg Landschaftspark Nord

DISTANZ knapp 11 km (variabel)

DAUER 4 Stunden oder länger

ANFAHRT
ÖPNV: Haltestelle Landschaftspark Nord, Straßenbahnlinie 903, verschiedene Buslinien

PKW: Emscherstraße 71, 47137 Duisburg-Meiderich (Fußweg 3 Minuten bis zum Besucherzentrum)

GUT ZU WISSEN
in weiten Teilen barrierefrei

Nach der Stahlkrise in den 1970er-Jahren endete 1985 die Stahlproduktion im Hüttenwerk Meiderich und eine unglaubliche Entwicklung mit erstaunlichem Ergebnis begann, die Denkmalschutz und Naturentwicklung in Einklang brachte. Hier darf Vegetation spontan gedeihen und Wasser wieder ursprünglich fließen. Auch Sport und Kultur finden ausreichend Platz. So ist z. B. Tauchen in einem ursprünglichen Gasometer möglich und Kreative erhalten Raum für ihre Werke. 180 Hektar ist das Areal groß und bietet zahlreiche Entdeckungsmöglichkeiten. Der heutige Besuch verläuft auf eher unklassischen Wegen, größtenteils fernab des Trubels. Je nach Jahreszeit lassen sich auch blühende Wildkräuter auf dem Gelände finden. Es geht über eine Kräuterwiese, durch den Stadtrandgarten und an der Emscher entlang, dem ehemals dreckigsten Fluss Deutschlands. Hundert Jahre lang war die Emscher eine schwimmende Müllkippe und nach einer aufwendigen Sanierung und Renaturierung ist sie heute ein idyllischer sauberer Fluss, der Fischen, Insekten und anderen Tieren Heimat bietet.

INDUSTRIEKULTUR UND NATUR IM EINKLANG

Von der Haltestelle »Landschaftspark Nord« geht es wenige Meter Richtung Südwesten über die Neumühler Straße und nun die Emscherstraße entlang. Dann halten Sie sich links Richtung ❶ **BESUCHERZENTRUM.** Bevor Sie an der Sektion des Deutschen Alpenvereins vorbeikommen – man kann auch klettern in Duisburg – finden Sie ein WC. Nach kurzer Zeit bietet sich ein faszinierender Anblick: Schauen Sie mal, wie sich Bäume den Weg durchs alte Gleisbett

STAUNEN

Vielerorts auf dem Gelände überraschen kleine Pflänzchen, die mit großem Überlebenswillen an kargen Stellen ihren Weg finden und ihren Platz einnehmen. Nehmen Sie sich Zeit zum Staunen und schauen Sie bewusst auf das Kleine. Ist es nicht faszinierend, wie aus den winzigen Ritzen Pflanzen sprießen? Wer staunt, lebt ganz im gegenwärtigen Moment. Auch viele Insekten können Ihnen heute begegnen. Nehmen Sie auch diese mit dem staunenden Blick eines Kindes wahr. Suchen Sie sich nach Belieben einen Platz, an dem Sie für die Übung verweilen. Natürlich kann sie auf der gesamten Strecke immer wieder einfließen.

RÜCKEROBERUNG DER NATUR

gesucht haben - die Natur holt sich in kürzester Zeit ihren Raum zurück. Vorbei am Klettergarten tut sich der Blick zum Bunkersteg auf. Hier wächst inzwischen wilder Wein und im Herbst eröffnet sich eine noch größere bunte Augenweide als zu anderen Jahreszeiten. Das Gewässer, das hier zu sehen ist, gehört zur Emscher, zu der der weitere Verlauf der Tour führen wird. Weiter geht es über den ③ **SINTERPLATZ,** danach links und bald in einem Rechtsbogen am Schalthaus West und an der Auftauhalle vorbei, hinter der sich eine kleine ④ **MAGERWIESE** mit allerlei Kräutern befindet.

Nun lassen Sie die Stahlkolosse hinter sich und bewegen sich auf weniger begangenen Wegen. Unter der ⑤ **AUTOBAHN** hindurch, dann nach links, einige Hundert Meter an der wenig befahrenen Hamborner Straße entlang. Rechter Hand liegt das

NATURWISSEN

KRÄUTER

Auf den hiesigen phosphathaltigen Böden gedeihen Wildkräuter besonders gut. Wilde Möhre und Schafgarbe, die sich durchaus ähnlich sind, wachsen hier. Außerdem findet sich Johanniskraut, dessen Einsatz als Antidepressivum bekannt ist. Auch das giftige Jakobskreuzkraut und die Nachtkerze haben sich angesiedelt, Letztere bietet Nahrung für Nachtfalter.

ehemalige Zechengelände der Zeche Friedrich Thyssen, welches aus Sicherheitsgründen jedoch nicht mehr begehbar ist. Bald erreichen Sie die 6 **EMSCHER** und vor Ihnen liegt ein schöner Weg mit Weitblick, es geht nun durch eine von Feldern gekennzeichnete Landschaft. Links der Emscher verläuft ein breiter Weg, rechts ein kleiner Trampelpfad. Dieser führt Sie nach einiger Zeit über eine Brücke nach links auf die andere Flussseite, wo der breitere Weg erreicht wird. Bald darauf führt ein kleiner Stichweg rechts nach oben, der mit einem kleinen Aussichtsplatz zum Verweilen einlädt. Zurückgekehrt auf den Hauptweg, gelangen Sie nach einigen Hundert Metern nach Unterquerung der Bahngleise zur Papiermühlenstraße und verlassen nun das Gebiet des Landschaftsparks.

Um weiter an der Emscher zu bleiben und ein neues einsames Areal zu betreten, überqueren Sie die Papiermühlenstraße und beschreiten den weiteren schönen Weg an der Emscher. Dieser Abschnitt des Weges ist von Bäumen gesäumt, was ihm einen ganz anderen Charakter gibt. Linker Hand liegt der 7 **GEDENKSTEIN** für 33 sowjetische Zwangsarbeiter aus dem Zweiten Weltkrieg, welcher von Pflanzen eingerahmt ist - ein winziger, versteckt gelegener Ort, den Sie nach wenigen Schritten erreichen können. Bald überqueren Sie links die Emscher über eine 8 **KLEINE BRÜCKE** und es geht auf der anderen Seite des Flusses, teils durch Wald und ein Wohngebiet, zurück.

Im Anschluss erwarten Sie das Biotop und der 9 **STADTRANDGARTEN.** Letzterer ist komplett umzäunt und es heißt erst mal, ein offenes Türchen zu finden. Es gibt mehrere Bänke, die nach ausgiebigem Schlendern durch den schönen, von völlig verschiedenen Pflanzen besiedelten Garten, zu einer Pause einladen. So können Sie die bisherigen Eindrücke sacken lassen. Genießen Sie die Ruhe und die Einsamkeit während einer kleinen Auszeit in der Auszeit.

HOCHOFEN TRIFFT NATUR

IM STADTRANDGARTEN

Wenn Sie bereit sind, geht es auf den ⑩ MONTE SCHLACKO, der einen fantastischen Weitblick bietet. Im Norden sehen Sie z. B. den NGW-Wasserturm der Niederrheinischen Gas- und Wasserwerke. Wieder am Fuße angelangt, erwartet Sie erneut die Emscher. An einem idyllischen Weg mit wieder völlig neuem Landschaftscharakter geht es entlang und ich möchte Sie erneut zum Staunen einladen. Kleine Kinder können das noch völlig unvoreingenommen. Auch die Langsamkeit fällt Ihnen oft leichter als Erwachsenen. Gehen Sie doch das weitere Stück des Weges mit dem Blick eines Kindes, die Zeit vergessend, fasziniert von Kleinigkeiten oder durch diese ungewohnte Art der Wahrnehmung Neues entdeckend, was Ihnen sonst verborgen geblieben wäre. Machen Sie es sich auf einer Bank bequem und halten es wie Astrid Lindgren, die sagte: »Und dann muss man ja auch noch Zeit haben, einfach dazusitzen und vor sich hin zu schauen«. Lassen Sie den Tag entspannt ausklingen und freuen sich auf den nächsten Besuch im Landschaftspark Nord.

Bald erreichen Sie die Neumühler Straße, an der Sie gestartet sind.

WEITERE INFOS:

Die Tour ist so vielfältig, dass Sie sie auch auf zwei Touren verteilen können. Dann empfiehlt es sich, den Emscherspaziergang separat zu machen. Lagepläne sind im Besucherzentrum erhältlich.

TOUR 23
»DAS GELEUCHT«

DIE SCHÖNSTE HALDE - VON KUNST GEKRÖNT

MOERS - HALDE RHEINPREUSSEN UND WALDSEE

Eine fantastische Auszeit mit idyllischem Waldsee und atemberaubendem Weitblick erwartet Sie. Sicherlich kann die Halde Rheinpreußen mit ihrem Kunstwerk »Das Geleucht« als eine der schönsten Halden des Ruhrgebiets bezeichnet werden.

START UND ZIEL
Bushaltestelle Moers Waldsee

DISTANZ 5 km (variabel)

DAUER 2 Stunden oder länger

ANFAHRT
ÖPNV: Bushaltestelle Moers Waldsee, Linie 4
PKW: Römerstraße 790, 47443 Moers (Parkplatz gegenüber)

MITNEHMEN
Fernglas, sofern vorhanden

Strand
2
A42
Rhein
1 Waldsee
3 Vereinsgelände
Das Geleucht
4
START & ZIEL Waldsee
Römerstraße
Halde Rheinpreußen

Nach Start an der Bushaltestelle »Waldsee« gehen Sie zunächst die Römerstraße entlang und halten sich dann links, um auf kleinen, baumreichen Wegen den 1 WALDSEE zu erreichen. Umrunden Sie diesen in etwa 50 Minuten und erklimmen danach die nahe gelegene Halde Rheinpreußen mit einer Höhendifferenz von 72 m über Umgebungsniveau.

Sie befinden sich hier im Süden des »Baerler Buschs«. Viele schöne Ausblicke und Plätze laden am See zum Verweilen ein. Vom 2 STRAND aus erfreut der Blick auf glitzerndes, glasklares Wasser. Das Baden ist leider verboten. Von verschiedenen Stellen aus erhalten Sie bereits einen Blick auf den Gipfel Ihrer heutigen Tour: Auf der Halde Rheinpreußen steht unverkennbar in knalligem Rot »Das Geleucht«, ein Kunstwerk mit besonderer Strahlkraft. Zu Beginn genießen Sie jedoch erst einmal bewusst den Besuch des Sees, der eine angenehme und friedliche Ruhe ausstrahlt. Ursprünglich war der Waldsee eine Kiesgrube. Am westlichsten

GEHMEDITATION

Bergauf zu gehen eignet sich fantastisch, um eine Gehmeditation auszuprobieren. Nehmen Sie stark das Tempo heraus und setzen Sie Schritt für Schritt die Füße voreinander. Verbinden Sie Ihren Atem mit Ihren Schritten, indem Sie das Ein- und Ausatmen bewusst mit den Schritten zusammen ausführen. Atmen Sie z. B. auf drei Schritte ein und auf drei Schritte aus. Die Schrittanzahl kann im Laufe des Weges variieren und soll Ihnen in jedem Fall angenehm sein. Ziel ist es, ohne außer Atem zu geraten und ohne zu schwitzen, oben anzukommen. Diese Übung wird bereits beim zweiten Mal sehr viel einfacher und bietet so die Möglichkeit, jegliche Anstrengung aus Anstiegen zu nehmen. Probieren Sie es aus, heute und auch beim nächsten Anstieg. Der Gedanke darf Sie auch im Alltag begleiten, jeder Anstieg ist zu bewältigen, sofern Sie ihn in Ihrem eigenen Tempo angehen.

SANDSTRAND AM WALDSEE

Punkt befinden sich unverkennbar ein langer Steg und Rohre zur Wasserregulierung. Wenn Sie die Zeit am See verlängern möchten, gehen Sie noch auf die Halbinsel, so können Sie Ihre Runde vergrößern. Die Renaturierung der Kiesgrube kann als wahrer Erfolg bezeichnet werden. Sowohl Mensch als auch Tier finden hier ein Refugium und es bieten sich wunderbare Naturimpressionen. Glasklares Wasser, einsame Waldpfade und Strände machen diesen schnell erreichbaren Ort perfekt, um vom Alltag abschalten zu können.

Am 3 VEREINSGELÄNDE angekommen, eröffnen sich verschiedene Möglichkeiten, die Halde zu besteigen. Entweder gehen Sie über den Hauptweg in wenigen Serpentinen auf breitem Wege zum Gipfel oder auf kleinen idyllischen Trails, die Sie manchmal etwas steiler, manchmal etwas seichter über Stock und Stein nach oben führen. Dennoch ist der Weg bei einer normalen Trittsicherheit gut begehbar. Bei der Besteigung über die kleinen, meist sehr einsamen Pfade begegnen Sie meist niemandem, eventuell sind ein paar Mountainbiker unterwegs. Mit gegenseitiger Rücksichtnahme stellt das jedoch kein Problem dar. Werktags ist hier in der Regel kaum etwas los und es kommt ein Gefühl von »Urwald« und abenteuerlicher Entdeckungstour auf. Bereits dieser Weg nach oben ist eine wahre Freude - trotz oder gerade wegen seines Anstiegs. Eilen Sie nicht, sondern gehen Sie in Ruhe Schritt für Schritt. An kleinen Gabelungen wählen Sie einfach die Variante »bergauf« und Sie werden automatisch den Gipfel erreichen.

Das Ankommen über diesen Weg ist ein besonderes Erlebnis, da Sie irgendwann das markante, den Gipfel krönende Kunstwerk

WEITER BLICK BIS IN DEN DUISBURGER NORDEN

4 DAS GELEUCHT mit seiner roten Farbe durch die Bäume schimmern sehen und sich dann durch ein weiteres Wäldchen und über eine Wiese diesem von hinten nähern. Somit erscheint die atemberaubende grandiose Aussicht über den Rhein ganz plötzlich vor Ihnen. Der Hauptweg bietet schon vorher immer wieder Blicke auf Dinslaken und Duisburg-Marxloh bzw. Walsum und die dortigen Industrieanlagen. Die Geschichte des Ruhrgebiets und seiner Industrie begleitet wie so oft in dieser Region den Weg durch die Natur. Es wird aber auch deutlich, auf welch fantastische Weise Industriekultur und Natur, die sich hier erstaunlich schnell wieder ausbreitet, miteinander verschmelzen können und welche hochrangigen Erholungsmöglichkeiten sich daraus ergeben.

Oben angekommen werden Sie vielleicht von der atemberaubenden Aussicht ergriffen sein und diese wahrscheinlich lange genießen wollen. Es gibt viele Sitzmöglichkeiten, sodass Sie nach Belieben das Panorama optisch erkunden können. Zu entdecken sind zum Beispiel die Werke von Thyssen Krupp im Duisburger Norden, die ein wahrer Hingucker sind, oder auch die Rheinbrücke, die alte Eisenbahnbrücke und unverkennbar das Kohlekraftwerk in Walsum.

Tauchen Sie mit Ihrem Blick tief in die Umgebung ein. Der mächtige Rhein windet sich von rechts nach links durch das Bild und macht die Aussicht zu einem zusätzlichen Kunstwerk, welches auch in einem Gemälde gut aufgehoben wäre.

SCHATTEN DES GELEUCHTS

URSPRÜNGE DER HALDE

Von 1963 bis 1990 diente die Rheinpreußenhalde als Abraumhalde für den nahe gelegenen Schacht Rheinpreußen. 42 Millionen Tonnen Bergematerial wurde hier aufgeschichtet. Beim Abbau der Steinkohle können mehr als 50 Prozent des abgebauten Materials solches zusätzliches Bergematerial sein, welches zu gigantischen Halden und somit künstlichen Bergen im Ruhrgebiet aufgetürmt wurde. Die Halde Rheinpreußen zählt zu den höchsten Halden des Ruhrgebietes.

Nach der ausgiebigen Naturbetrachtung zieht das spektakuläre Kunstwerk dieses Ortes ebenfalls Aufmerksamkeit auf sich: »Das Geleucht«, das auch ein wenig an einen Leuchtturm erinnern mag, stellt eine Grubenlampe dar, die abends erleuchtet wird. Errichtet wurde sie 2007. Von der nahe gelegenen Autobahn A42 ist sie ein besonderer Blickfang und gilt als ganz besondere Landmarke in der Gegend. Der Lichtkünstler Otto Piene hat das Kunstwerk entworfen, welches auch als größtes Montankunstwerk der Welt bezeichnet wird. Er hat die prägenden Elemente »Feuer« und »Bergbau« aufgegriffen und erlebbar gemacht. Der rund 28 Meter hohe Turm, dessen Gestaltung durch die historisch wichtigste Grubenlampe, die Davy-Lampe, inspiriert ist, die es seit 1830 gibt, kann bestiegen werden und bietet einen 360°-Blick.

Wenn Sie sich von der Aussicht losreißen können, besteht die Möglichkeit, die Halde noch weiter zu erkunden. Auch ein Blick auf den Waldsee, von dem Sie gekommen sind, tut sich unter Umständen auf. Viele weitere kleine Waldwege sind zu finden und Sie können den Besuch der Halde nach Belieben weiter ausdehnen und entdeckerisch gestalten. Wenn Sie auf dem Hauptweg zurückgehen, erreichen Sie bald schon wieder den Ausgangspunkt am Fuße der Halde und es geht zurück zur Bushaltestelle »Waldsee«.

WEITERE INFOS:

Öffnungszeiten des Geleuchts:

→ 01.02.-31.03.: Mi/Sa/So 13-16 Uhr
→ 01.04.-31.10.: Mi 14-17 Uhr, Sa/So: 14-18 Uhr
→ 01.11-19.12.: Mi/Sa/So 13-16 Uhr
→ Mitte Dezember-Ende Januar geschlossen

DOMORGEL VOR DEM FARBENPRÄCHTIGEN WESTFENSTER

AUSZEIT IN DREI AKTEN

XANTEN – DOM UND KURPARK

Im Luftkurort Xanten laden drei sich ergänzende Aktivitäten ein, bestens für einen heißen Sommertag geeignet, um Körper, Geist und Seele eine Auszeit zu gönnen. Besuchen Sie zuerst den Xantener Dom und spazieren dann zum Kurpark mit Gradierwerk und Kneippbecken.

START UND ZIEL
Xanten Bahnhof

DISTANZ 2 km (variabel)

DAUER 2 Stunden oder länger

ANFAHRT
ÖPNV: Xanten Bahnhof, RB 31
PKW: Dom St. Viktor, Kapitel, 46509 Xanten

MITNEHMEN
ggf. kleines Handtuch (Kneippbecken)

GUT ZU WISSEN
teilweise barrierefrei

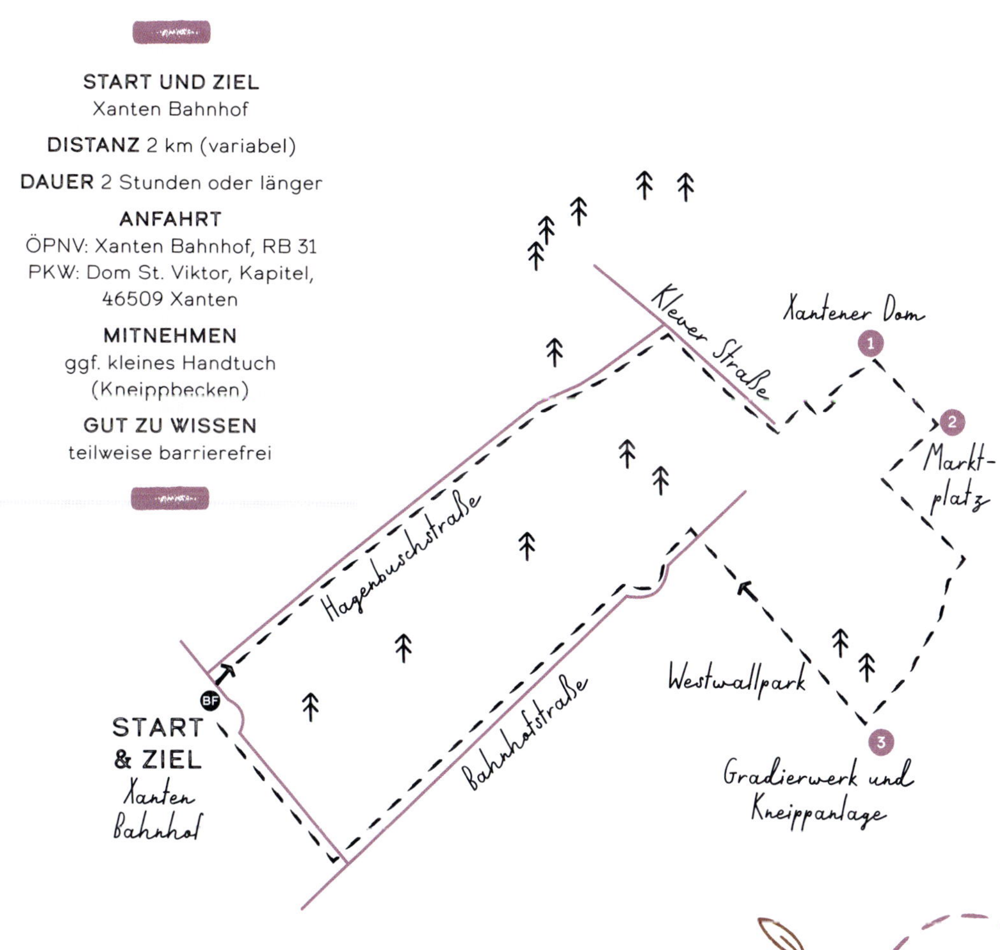

Vom Bahnhof aus geht es Richtung Nordwesten durch die Hagenbuschstraße und nach 10-15 Minuten ist die Domrückseite erreicht.

Der 1 **XANTENER DOM**, erbaut im gotischen Stil, heißt eigentlich Dom St. Viktor und die Ursprünge des Baus gehen auf die Legende des heiligen Viktors zurück. Wegen seines christlichen Glaubens wurde dieser mit anderen römischen Soldaten der Thebäischen Legion getötet und im Bereich des heutigen Doms bestattet. Ein kleiner Fachwerkbau wurde in der Zeit von etwa 400 n. Chr. zu seinem Gedenken über dem Grab errichtet. Der Name Xanten rührt aus dem Lateinischen her. Die Verstorbenen sollten bei den Heiligen ruhen, lateinisch ad sanctos, woraus später »Xanten« entstand. 1263 wurde der Grundstein zum gotischen Dom gelegt. Es handelte sich um die größte Kirche zwischen Köln und der Nordsee. Im Rheinland stand der Xantener Dom dem Kölner Dom in seiner Bedeutung kaum nach. Obwohl der stattliche Kirchenbau von Xanten niemals Bischofskirche war, wird er wegen seiner Bedeutung dennoch Dom genannt und ist eine weit über den Niederrhein hinaus bekannte und bedeutende Landmarke. In der Krypta befindet sich heute eine Gedächtnisstätte der »heiligen und seligen Märtyrer« aus der Zeit des Nationalsozialismus. Hier ruhen unter anderem Urnen mit der Asche von Opfern aus den Konzentrationslagern Auschwitz, Bergen-Belsen und Dachau. Der Dom wurde wenige Monate vor Ende des Zweiten Weltkrieges so stark zerstört, dass sogar über eine Einebnung nachgedacht wurde, was, Gott sei Dank, nicht geschah. Einige Kirchenfenster konnten gerettet werden, indem sie frühzeitig entfernt wurden. Sehr vieles wurde jedoch unwiederbringlich zerstört. Im Dom finden Sie dazu ausführliche Informationen. Der Anblick der vorhandenen pracht-

FASZINATION KIRCHENFENSTER

Wählen Sie sich einen ruhigen Platz mit Blick auf eines der Fenster und tauchen Sie in diese geheimnisvollen Lichtspiele und in die intensiven Farben ganz ein. Auch weitere beeindruckende Werke sind im Dom vorzufinden. Nehmen Sie sich mehr Zeit als üblich beim Betrachten der Kunst. Finden Sie Details und lassen Sie diese auf sich wirken. Es reicht, wenn Sie diese intensive Aufmerksamkeit einem Objekt widmen, es wird dadurch umso eindrücklicher.

KREUZGANG UM INNENHOF UND HOCHKREUZ

vollen Fenster, die teilweise aus dem 13. Jahrhundert stammen, ist eine wahre Freude. So ist beispielsweise hinter dem Hochaltar in Rubinrot die Geburt Jesu Christi dargestellt. Aufgrund der hohen Bedeutung der Fenster des Xantener Doms veranstaltete das Xantener Stiftsmuseum sogar ein »Glaskolloquium« und der Theologe Albert Gerhards bezeichnete die Räume des Doms als »geheimnisvolle Lichträume«.

Besuchen Sie unbedingt auch den hübschen Kreuzgang des Doms. Auch hier können Sie Ihre Seele baumeln lassen und den Anblick auf den Dom sowie auf den innen liegenden Garten mit Rosen und anderen Blumen aus den verschiedenen Richtungen genießen.

Nachdem Sie Ihre erste Auszeit gebührend genossen haben, geht es nun weiter über den 2 MARKTPLATZ mit abwechslungsreicher Gastronomie zum Kurpark, in dem sich eine 3 KNEIPPANLAGE und ein GRADIERWERK nebeneinander befinden. Vielleicht möchten Sie sich auch erst stärken oder den hübschen Markt in Xanten besuchen.

KNEIPPEN

Gestärkt und voller Eindrücke können Sie im Anschluss genussvoll etwas für Ihre Gesundheit tun. Kneippen geht auf Pfarrer Sebastian Kneipp (1821–1897) zurück und bedeutet Wassertreten. Es gibt Hinweise auf die Linderung von Krampfadern und auf eine schlafverbessernde Wirkung. Auch ein Armbad hat eine durchblutungsfördernde Wirkung, sowohl für die Arme als auch die Brustorgane Herz und Lunge. Ein Armbad regt an, ohne

aufzuregen. Es wird auch als die Tasse Kaffee des Kneippianers bezeichnet.

Wichtig ist, dass Sie nur im aufgewärmten Zustand kneippen. Im Sommer fällt das leichter, ist aber auch zu anderen Jahreszeiten durch vorherige körperliche Betätigung möglich. Alternativ können Sie am selben Ort auch auf einem Barfußpfad gehen und somit eine kostenlose Fußreflexzonenmassage erhalten. Auf beide Arten spüren Sie intensiv Ihren Körper, was das Abschalten von Gedanken deutlich vereinfacht. Wenn Sie Ihr Kneippbad beendet haben, wartet noch das Gradierwerk auf Sie, welches Sie seelisch und körperlich tiefenentspannen lässt.

WIE FUNKTIONIERT EIGENTLICH EIN GRADIERWERK?

Ursprünglich wurden Gradierwerke zur Salzgewinnung genutzt. Salz wurde aufgrund seines hohen Wertes auch weißes Gold genannt. In der Nähe von Solequellen wurden im 18. Jahrhundert die ersten Gradierwerke gebaut. Das salzhaltige Wasser, die Sole, wird nach oben auf das Dach gepumpt. Von dort rieselt es über das Geäst von Schwarzdorn nach unten. Ein Teil des Wassers verdunstet und der Salzgehalt steigt. Unten wird die Sole dann in Becken gesammelt und erneut nach oben in den beschriebenen Kreislauf gebracht, sodass sich der Salzgehalt auf eine Konzentration von 17–22 Prozent erhöht. Erst dann war die Sole bereit für die Saline, wo die Sole in großen Pfannen so lange erhitzt wurde, bis das wertvolle Salz abgeschöpft wurde. Daher rührt der Name Kochsalz. Bei dem beschriebenen Prozess entsteht eine Art Mikroklima und es wurde schon damals die gesundheitsfördernde Wirkung festgestellt. Die Wirkung kann mit der des Meeresklimas verglichen werden. Als die Zeit dieser Art der Salzgewinnung vorbei war, wurden die Gradierwerke weiter betrieben und es entstanden Kurorte. Aus den Salinen wurden häufig Bäder. Bei Lungenkrankheiten, Asthma, Allergien, Husten, Erkältungen und Neurodermitis werden die Gradierwerke und ihr Klima noch heute therapeutisch eingesetzt.

Vor allem an einem heißen Sommertag werden Sie die angenehme und kühlende

GRADIERWERK – BELEBUNG DER SINNE

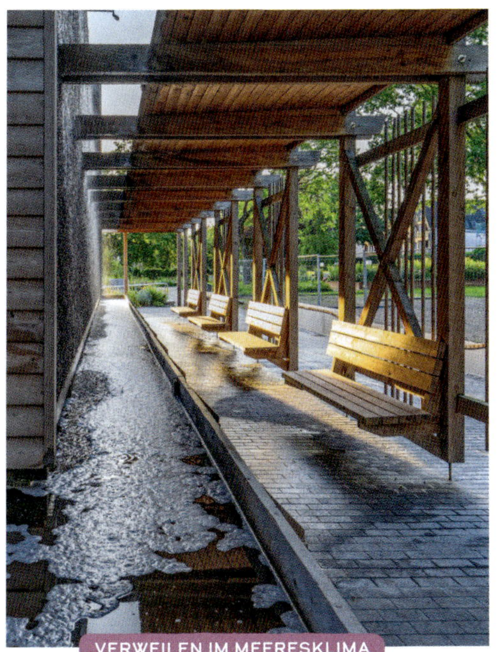

VERWEILEN IM MEERESKLIMA

Wirkung der solehaltigen Aerosole sofort spüren. Der Dunst des Salzwassers in der Luft ist regelrecht zu sehen. Nehmen Sie sich mindestens 15 Minuten Zeit und suchen sich einen Platz im Gradierwerk. Schließen Sie gerne die Augen und führen Ihre Auszeit fort. Atmen Sie ganz normal ein und aus, spüren Sie den Salznebel auf der Haut. Konzentrieren Sie sich auf Ihren Atem und Sie sind ganz im Hier und Jetzt. Ein besonders tiefes Ein- und Ausatmen wird nicht angeraten in diesem Klima. Die Sole wird auch bei normaler Atmung von Lunge und Bronchien in ausreichendem Maße aufgenommen. Nicht zu vergessen ist, dass es sich hier um eine Art Reizklima handelt. Wenn Sie möchten, stellen Sie sich einen angenehmen Weckerton nach 15 Minuten.

Der Kurpark bietet weitere entspannende Angebote. Entscheiden Sie, ob es für heute reicht oder ob Sie das Xantener Zentrum, das der Kurpark umschließt, noch umrunden möchten. Durch die nahe gelegene Bahnhofstraße geht es vom Gradierwerk zurück zum Startpunkt.

WEITERE INFOS:

Dom, Öffnungszeiten:

→ März-Okt.: Mo-Sa 10-18.00 Uhr, So 12.30-18 Uhr

→ Nov.-Feb.: Mo-Fr 12-17 Uhr, Sa 10-17 Uhr, So 12.30-18 Uhr

TOUR 25
AM ALTRHEIN

AUENLANDSCHAFT UND ALTRHEIN

XANTEN - BISLICHER INSEL

Die Bislicher Insel bietet ein einmaliges Naturerlebnis – vor allem frühmorgens oder am Abend lassen sich in dieser Auenlandschaft viele seltene Vögel beobachten, sogar Fischadler und Seeadler leben hier. Außerdem sind Eisvogel, Wildgans und Löffler in dem Gebiet beheimatet. Auch der Biber hat nach Auswilderung hier wieder einen Lebensraum gefunden.

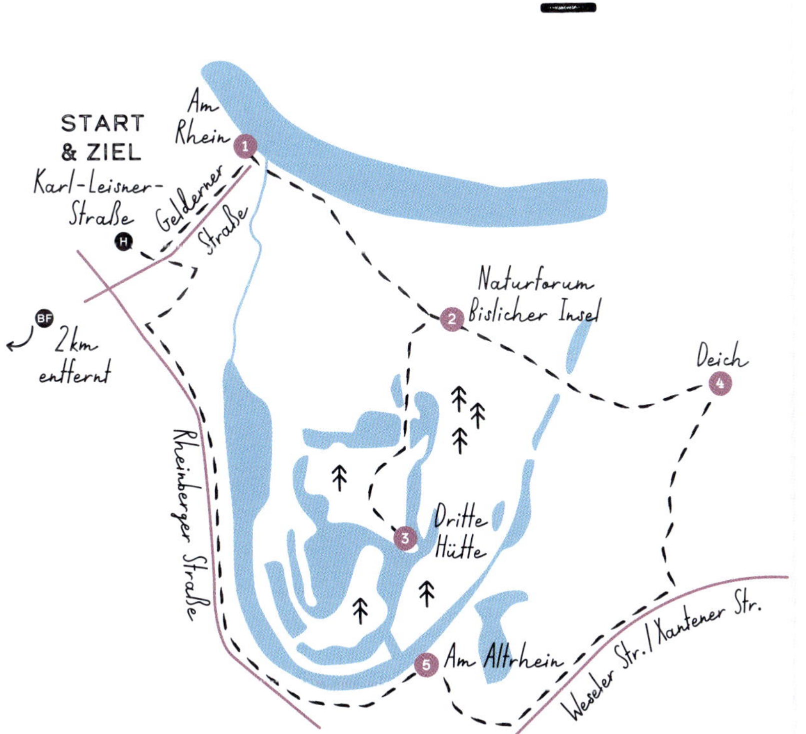

START UND ZIEL
Bushaltestelle Xanten K.-Leisner-Straße, alternativ Radtour ab Xanten Bahnhof

DISTANZ
10 km (Bislicher Insel) / 18 km (Insel und Altrhein)

DAUER
3,5 Stunden oder länger

ANFAHRT
ÖPNV: Bushaltestelle Xanten K.-Leisner-Straße, Buslinie SL40
PKW: RVR-Naturforum Bislicher Insel, Bislicher Insel 11, 46509 Xanten

MITNEHMEN
Fernglas, sofern vorhanden

GUT ZU WISSEN
Erweiterung der Tour mit dem Fahrrad ist möglich; Ausleihe am Bahnhof Xanten

Für den heutigen Tag sollten Sie genügend Verpflegung und ein Fernglas einpacken, um an diesem wunderbaren Ort Vögel und auch andere Tiere zu entdecken. Es befinden sich insgesamt drei Vogelbeobachtungsstationen auf der Bislicher Insel, die gleichzeitig fantastische Pausenmöglichkeiten bieten. Es handelt sich um keine echte Insel, sondern um eine Auenlandschaft mit inselähnlichem Charakter.

Von der Haltestelle »K.- Leisner-Straße« kommend geht es zunächst Richtung Südosten über den Beekschen Weg bis zur Straße »Bislicher Insel«, der Sie nach links folgen. Am 1 RHEIN angekommen - gehen Sie unbedingt noch ein paar Schritte weiter und eine grandiose Aussicht auf den längsten Fluss Deutschlands tut sich auf - führt diese Straße automatisch nach rechts, nach 1,6 km geht es rechts in den Stichweg zur Bislicher Insel. Sollten Sie zuerst zum 2 NATURFORUM BISLICHER INSEL gehen wollen, bleiben Sie für weitere 240 m auf der Straße. Montags hat das Naturforum inklusive Café geschlossen, dann dürfte in der Auenlandschaft besonders wenig los sein. Am Wochenende ist die Bislicher Insel durchaus ein beliebtes Ausflugsziel. Wenn Sie es zeitlich schaffen, ist der Besuch zu Sonnenaufgang zu empfehlen. Somit können Sie die Stimmung des aufbrechenden Tages genießen und sich Schritt für Schritt weiter in die Bislicher Insel begeben. Zu Sonnenuntergang oder anderen Tageszeiten ist der Besuch jedoch auch ein Erlebnis. Die ersten beiden der drei Beobachtungshütten sind bereits nach 700 Metern rechts und links des Weges zu entdecken. Um die linke Hütte zu betreten, gehen Sie vorher noch durch einen idyllischen, von Grün umrahmten Weg. Vielleicht möchten Sie aber auch direkt bis zum Ende des Hauptweges zur 3 DRITTEN HÜTTE gehen, diese ist 2 km vom Beginn des Stichwegs entfernt. Wenn Sie werktags kommen, haben Sie große Chancen, alleine hier zu sein.

Die Auenlandschaft ist ein Dorado für Tiere.

Die Gewässer der Bislicher Insel sind durch Kiesabbau entstanden. Seit Ende der 1980er-Jahre handelt es sich um ein Naturschutzgebiet mit einer Größe von 1200 Hektar. Auf dem großen Zuweg, welcher auch der einzige Weg ist, der begangen werden darf, befand sich früher eine Seilbahn, um den Kies in eine nahe gelegene Steinfabrik zu transportieren. Wie so oft handelt es sich also teilweise um Baggerlöcher, die, einmal der Natur überlassen, ein Dorado für Tiere und Pflanzen werden können, in diesem Fall für viele teils stark bedrohte Vögel. Ein Seeadlerpärchen hat übrigens vor einiger Zeit ein anderes Seeadlerpaar vertrieben und deren Junges getötet, um sich selber anzusiedeln. Auch dies gehört zum Lauf der

XANTEN - BISLICHER INSEL
NICHT NUR FÜR VÖGEL EIN PARADIES

Natur und wird von den Naturschützenden vor Ort als nicht tragisch angesehen, da eine neue Brut stattfinden konnte. Der oben benannte Löffler lebt hier erst seit 2020 und wahrscheinlich hat hier die erste Binnenlandbrut dieser Vogelart in Deutschland stattgefunden – eine ornithologische Sensation, wie der NABU (Naturschutzbund Deutschland) es bezeichnet.

DER ALTRHEIN

Spannend ist auch die Geschichte des heutigen Altrheins, der in unmittelbarem Zusammenhang mit der Bislicher Insel steht. Vor ca. 200 Jahren wurde der Verlauf des Rheins durch menschlichen Eingriff verändert. Zu Römerzeiten existierte eine Insel im Rhein, die auf der nördlichen Seite vom Rhein selbst und auf der südlichen Seite von einem Mäander umflossen wurde. Das Flussbett des alten Rheins hat sich immer weiter nach Süden verlagert und somit die Ortschaft Birten verdrängt. 1788 wurde dann durch einen Kanal der Rhein im Norden begradigt, welcher den heutigen Flussverlauf darstellt. Der Altrhein ist heute nur noch durch den Graben »Göt« oder aber bei

BEOBACHTEN

Haben Sie »Ihre« Beobachtungshütte erreicht, studieren Sie die Umgebung bzw. schauen aufs Wasser, anfangs gerne ohne Fernglas. Lehnen Sie sich entspannt zurück und blicken für etwa 10–15 Minuten auf den See und warten einfach ab. Sie werden auf jeden Fall Entdeckungen machen können. Irgendwann nehmen Sie Ihr Fernglas (wenn Sie keines besitzen, ist der Besuch der Insel nicht weniger lohnenswert) und beobachten Vögel oder auch andere Tiere. Legen Sie es immer mal wieder zur Seite und genießen den friedlichen oder vielleicht auch spannenden Blick aufs Wasser. Planen Sie wenigstens 45 Minuten pro Hütte ein. Geübte Vogelbeobachter wissen: In der Ruhe liegt die Kraft. Sich auch mal mehrere Stunden Zeit zu lassen, wird auf jeden Fall belohnt. Bleiben Sie also gerne länger und erleben somit auch die Veränderungen der Lichtstimmung.

XANTEN - BISLICHER INSEL

LÖFFLER

VOGELBEOBACHTUNG

Hochwasser mit dem Rhein verbunden. Im 20. Jahrhundert wurde hier bereits Kies abgebaut und somit unterlag das Gebiet einem ständigen Wandel, heute erfreulicherweise als Naturschutzgebiet.

Wenn Sie den wunderschönen Altrhein entdecken wollen und mehr Zeit einplanen können, so fahren Sie am besten mit dem Fahrrad eine große Runde und kommen somit in den Genuss des Altrheins. Zu Fuß ist das auch möglich, dann müssen Sie aber einen ganzen Tag einplanen. Entscheiden Sie sich dagegen, so gehen Sie von hier auf demselben Weg zurück zur Bushaltestelle.

Verlängern Sie die Tour, kommt auf der Strecke von der Bislicher Insel auf dem 4 DEICH entlanggehend oder -radelnd fast ein Gefühl von Nordseefeeling auf. Nicht unerwähnt bleiben sollte, dass es sich bei Xanten um einen Luftkurort handelt, was deutlich zu spüren ist. Auf der nun folgenden Strecke haben Sie wunderbare Aussichten und erleben eine weitere, sich ganz anders anfühlende Auszeit. Sogar Wasserbüffel sind zu entdecken, die sich gerne im Schlamm suhlen. Mit Sicherheit begegnen Sie auch dem ein oder andren Storch. Es fühlt sich wirklich wie Urlaub an. Vom Deich oder auch später von der Straße aus haben Sie großartige Blicke zum 5 ALTRHEIN.

Nun geht es zurück zum Bahnhof Xanten oder Ihrem individuellen Startpunkt. Vielleicht haben Sie Lust, zu einer anderen Jahreszeit wiederzukommen und die Bislicher Insel neu zu entdecken. Auch im Winter ist ein Besuch dieses Ortes absolut empfehlenswert.

LICHTSPIELE IN DER UNTERGEHENDEN SONNE

ENTDECKUNG DER LANGSAMKEIT

HERNE - LANGELOH

Das Naturschutzgebiet im Dreistädteeck von Herne, Castrop-Rauxel und Bochum ist eine wahre Kostbarkeit, geprägt von Bach, Feuchtwiesen und alten Buchenbeständen.

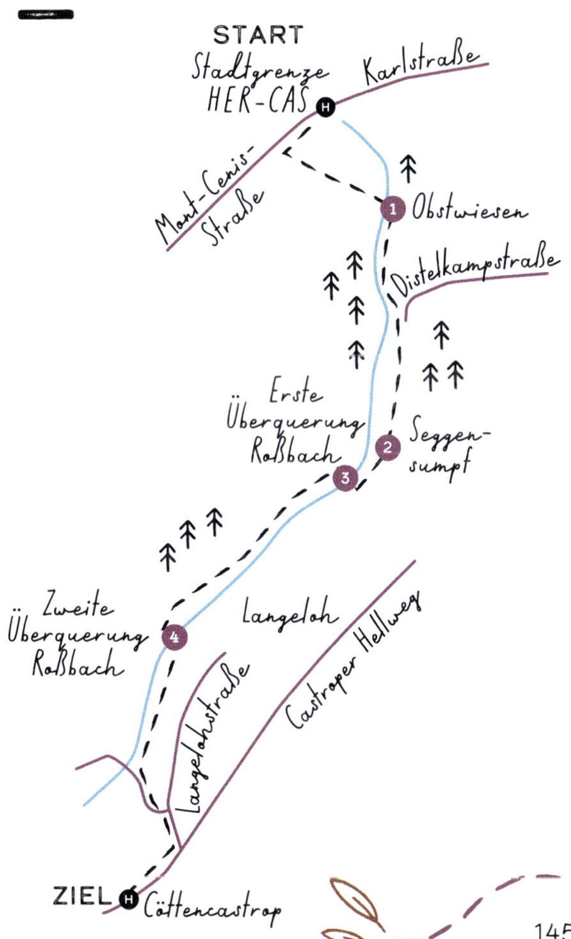

START
Bushaltestelle Herne - Stadtgrenze HER-CAS

ZIEL
Bushaltestelle Bochum Cöttencastrop, Linien 353, 364

DISTANZ ca. 3 km (variabel)

DAUER 2 Stunden

ANFAHRT
ÖPNV: Bushaltestelle Herne - Stadtgrenze HER-CAS, Linie 324

In den 1990er-Jahren wurde das Gebiet zum Naturschutzgebiet erklärt. Zwischen Herne und Castrop-Rauxel erstreckt sich der Roßbach. In den feuchten Uferzonen haben sich z.B. Riesenschachtelhalm und Ufersegge angesiedelt. Es befinden sich große Buchenbestände im Tal, wo Kleinspecht, Baumfalke und Hohltaube ein Zuhause gefunden haben. Grün ist die dominierende Farbe in den Jahreszeiten der Vegetation. Tauchen Sie in dieses urwüchsige Waldgebiet ein und vergessen den Alltag.

Auf einer kurzen Strecke von 3 km sind Sie eingeladen zu schlendern. Schalten Sie doch einmal drei Gänge herunter oder stellen sich vor, Sie schlendern über einen Markt, auf dem es unendlich viel zu entdecken gibt. Gehen Sie auf Entdeckungstour, bleiben häufig stehen oder nutzen die vielen Sitzbänke am Weg. Betrachten Sie Tiere und Pflanzen und betasten Sie diese auch mal. Keiner hetzt Sie und die überschaubare Strecke darf völlig unsportlich genommen werden. Schauen Sie auch immer mal wieder zurück des Weges oder gehen ein kleines Stück rückwärts. Schließen Sie zwischendurch die Augen und konzentrieren sich aufs Hören. Machen Sie regelmäßig Pausen und

LANGSAMKEIT ENTDECKEN

Gehen Sie anfangs in Ihrem normalen Tempo. Vielleicht sind Sie im Alltag recht flott unterwegs und lassen Ihre Schritte zählen. Nach etwa einer Minute des normalen Tempos halbieren Sie das Tempo und spüren in sich hinein, wie sich das nun anfühlt. Nach einer weiteren kurzen Weile halbieren Sie das Tempo erneut und registrieren bewusst die Veränderung Ihrer Wahrnehmung. Wahrscheinlich haben Sie eine Geschwindigkeit erreicht, die Ihnen äußerst ungewohnt erscheint und die als Schlendern bezeichnet werden kann. Sie dürfen natürlich mit dem Tempo variieren, probieren Sie immer wieder aus, Tempo herauszunehmen, v.a. bei besonders schönen Abschnitten, und besinnen Sie sich aufs Schlendern.

RIESENSCHACHTELHALM

setzen sich gemütlich hin. Baden Sie heute im Wald – im Naturschutzgebiet bleiben Sie jedoch auf den Wegen.

Los geht es an der Haltestelle »Herne-Stadtgrenze HER-CAS« Richtung Südwesten auf der Mont-Cenis-Straße. Nach wenigen Minuten biegen Sie links ab und schon befinden Sie sich auf Ihrer heutigen Natur-Tour.

Wunderschöne weitläufige Wiesen- und Hügellandschaften liegen nun direkt vor Ihnen. Am Ende des Weges geht es über den Roßbach und sofort rechts über kleine Wiesenpfade. Links von Ihnen liegen die **1 OBSTWIESEN,** die heimischen Tierarten wie Steinkauz, Gartenrotschwanz, Grünspecht, Igel, verschiedenen Fledermäusen, Bienen, Wespen und Hornissen Lebensraum bieten. Auch zahlreiche Tagfalter wie z. B. Admiral, Tagpfauenauge und Distelfalter können mit etwas Glück beobachtet werden. Es dauert nicht mehr lange und der Weg wird immer zauberhafter. Bald ist eine kleine Beobachtungsplattform erreicht, von der aus sich unter Umständen Tiere entdecken lassen. Im weiteren Talabschnitt werden Sie immer wieder auf den Riesenschachtelhalm treffen, besonders in unmittelbarer Nähe des Roßbaches ist er zu finden. Equisetum telmateia lautet die lateinische Bezeichnung, die sich vom Griechischen telematiaios, zu Deutsch »Morast« ableitet. Die größte heimische Schachtelhalmart besiedelt gerne nasse Standorte. Außerdem deutet das Vorkommen auf Kalk im Boden hin. Im Karbonzeitalter vor rund 300 Millionen Jahren existierten ganze Sumpfwälder aus Vorgängern des Riesenschachtelhalms, manchmal baumgroß, und sie bildeten somit teilweise die Grundlage für die Steinkohle im Ruhrgebiet. So schnell ist man wieder bei der Geschichte des Ruhrgebiets.

Der Roßbach wird Ihnen heute mehrmals begegnen, er wird insgesamt dreimal überquert. Fließendes Wasser hat eine besonders beruhigende Wirkung auf Geist und Seele. Widmen Sie Ihre Aufmerksamkeit zwischendurch dem Gewässer. Die heutige Tour bietet ein hohes Maß an Faszinationsmöglichkeiten und vielleicht haben Sie nun einen anderen Blick auf »unaufgeräumte« Wälder. Rufen Sie sich bei allen Betrachtungen und Entdeckungen der Tour immer wieder die Langsamkeit in Erinnerung.

Auf Ihrem Weg halten Sie sich rechts, vorbei am Hundesportverein. Unmerklich beginnt hier zu Ihrer Rechten auf Bachniveau der 2 **SEGGESUMPF.** Bei der nächsten Möglichkeit geht es an einer Waldkreuzung erneut nach rechts und über Holzbohlen wird der morastige Sumpf und der 3 **ROSSBACH** gequert, ein unglaublich schönes Fleckchen Erde. Im landwirtschaftlichen Sprachgebrauch werden Seggen auch als Sauergräser bezeichnet, da das Vieh sie nur ungern frisst.

Auf Ihrer heutigen Tour werden Sie sehr viel »Totholz« vorfinden, teils riesige Stämme direkt am Wegesrand. Zum Glück setzt sich die begründete Meinung durch, dass ein unaufgeräumter Wald einen besonders hohen Wert hat, schließlich leistet Totholz einen enorm wichtigen Beitrag im Ökosystem Wald und bietet Lebensraum für viele Tiere und Pflanzen. Am bekanntesten dürfte der Specht sein, der gerne seine Höhlen in Totholz baut, welche wiederum anderen Höhlenbewohnern, wie Fledermaus oder Hohltaube, Wohnraum bieten. Vögel finden am Totholz Futter in Form von Spinnen und Insekten. Totholz hat aber noch eine weitere große Bedeutung bzw. Fähigkeit: Es kann große Mengen an Wasser speichern. Somit trägt es zum wichtigen Wasserhaushalt des Waldes bei und ist ein Teil der natürlichen Klimaanlage. Totholz gehört ganz genauso wie »Lebendholz« in einen Wald. Es bietet im wahrsten Sinne des Wortes die Grundlage für neues Leben.

EIN KLEINER AUSFLUG IN DIE WALDÖKOLOGIE

Ist ein Baum krank oder stirbt er ab, machen sich Pilze und Bakterien ans Werk. Sie zersetzen das Holz und die kleinen Bestandteile wandern in immer tiefere Erdschichten. Dabei wird ein Teil des Kohlendioxids (CO_2)

HELFER IM NATURZYKLUS

BUNTSPECHT

freigesetzt, das der Baum vorher aus der Atmosphäre aufgenommen hat. Dieses Argument dient häufig als Begründung, es sei nachhaltig, Holz zu verbrennen, schließlich würde lediglich das zuvor aus der Atmosphäre aufgenommene CO_2 wieder freigesetzt werden. Weit gefehlt: Zum einen gasen v.a. Böden nach Kahlschlägen durch die hohe Sonneneinstrahlung zusätzliches CO_2 aus, zum anderen wird bei der Zersetzung von Totholz zwar auch CO_2 frei, jedoch weit weniger als beim Verbrennen. In den tieferen Erdschichten wird es immer kühler und die Kleinstlebewesen stellen ihre Zersetzungsarbeit irgendwann ein. So sind unsere Kohlevorkommen und CO_2-Speicher auch hier im Ruhrgebiet entstanden. Totholz, der zukünftige Humus des Waldes, bietet Nährstoffe und viele Tieren finden Unterschlupf. In einer Handvoll Erde befinden sich übrigens mehr Lebewesen, als es Menschen auf der Erde gibt.

Weiter des Weges geht es bald links erneut über den 4 **ROSSBACH,** über Treppen geht es ab und auf, dann nach rechts und das Ziel ist nicht mehr weit. Sie können die Tour auf knapp das Doppelte verlängern, indem Sie auf Parallelwegen und auf der anderen Seite des Roßbachs zu Ihrem Ausgangspunkt zurückkehren. Wenn Sie jedoch ein klassisches Waldbad erleben möchten, welches sich durch eine recht kurze Strecke auszeichnet, belassen Sie es bei der angegebenen Distanz.

ERLEUCHTETER HAMMERKOPFTURM

DURCH INDUSTRIE-GESCHICHTE SPAZIEREN

CASTROP-RAUXEL - AUF MULVANYS SPUREN

Dieser inspirierende Spaziergang beginnt an einem besonderen Baumkreis, in Industriegeschichte eingebettet. Es folgt ein irisch angehauchter Rundgang durch den wunderschönen Mulvanypark und über die ehemalige Pferderennbahn.

START UND ZIEL
Bushaltestelle Castrop-Rauxel Falkenstraße

DISTANZ 4,6 km

DAUER 2 Stunden oder länger

ANFAHRT
ÖPNV: Bushaltestelle Castrop-Rauxel, Falkenstraße, Linie 341
PKW: Hammerkopfturm, Bodelschwingher Straße 3, 44577 Castrop-Rauxel

MITNEHMEN
Picknick, Sitzkissen

Ihr erstes Ziel ist der ❶ **HAMMERKOPF-TURM,** der von der Bushaltestelle bereits zu sehen ist und in nur etwa 50 Metern Entfernung liegt. Es handelt sich um einen Stahlfachwerkturm aus dem Jahr 1920. Zuerst hatte er seinen Platz in Dortmund bei der Zeche Tremonia, so lautet der lateinische Name für Dortmund. Im Jahre 1929 zog er von Dortmund nach Castrop-Rauxel um. Dies war einer der wenigen Umzüge eines kompletten Förderturms im Ruhrgebiet. Seinen Namen erhielt er aufgrund seiner Optik von der Seite betrachtet. Es gibt im Ruhrgebiet nur wenige Exemplare dieser Bauart. Heute ist er mit seinen 35 Metern Höhe ein Wahrzeichen der Stadt Castrop-Rauxel und einer der ältesten seiner Art.

Betriebsbeginn der Zeche Erin III, zu der der Hammerkopfturm gehört, war 1867, gegründet von Thomas William Mulvany. Erin bedeutet Irland und bezieht sich auf die Herkunft Mulvanys. Nach ihm wurde der Mulvanypark benannt, eine weitere Etappe dieser Tour. Umgeben ist der Hammerkopfturm von einem keltischen Baumkreis, der

BAUMMEDITATION

Stellen Sie sich etwa zwei Meter vor Ihren Baum und betrachten Sie ihn in seiner Gänze. Schauen Sie zu seinen Wurzeln bzw. zum Fuß des Baumes, dann gleiten Sie mit dem Blick nach oben in seine Krone und schauen dann wieder geradeaus auf seine Rinde. Jetzt nähern Sie sich einen Schritt und betrachten alles aus der nun geringeren Entfernung. Fragen Sie sich, wie sich die Rinde wohl anfühlen mag, rau oder glatt, kalt oder warm. Versuchen Sie sich das Gefühl in den Händen tatsächlich vorzustellen. Nun nähern Sie sich erneut einen Schritt, die Optik der Rinde wird sich verändern und Sie können mehr Details erkennen. Möglicherweise entdecken Sie auch Insekten. Stellen Sie sich erneut vor, wie sich die Rinde wohl anfühlen mag. Dann tasten Sie die Rinde ab, berühren Sie sie behutsam mit Ihren Fingern und Ihren Handflächen, streichen Sie an ihr entlang. Gehen Sie um den Baum herum, vielleicht sieht er von der anderen Seite ganz anders aus.

PFERDERENNBAHN - DEN ZIELTURM IM BLICK

erneut einen Bezug zur irischen Herkunft des Zechengründers herstellt. Dieser Baumkreis soll als Kalender verstanden werden. Die verschiedenen Jahreszeitenwechsel werden durch die vier Baumarten Eiche, Buche, Birke und Olivenbaum dargestellt. Weitere Bäume im Park sind u.a. Tanne, Zeder, Pappel, Esche, Nussbaum, Kastanie und Apfelbaum. Vor Ort finden Sie Informationstafeln, die den Kreis und die Bäume näher erläutern.

Nehmen Sie sich Zeit, den kleinen Park zu erkunden. Welcher Baum spricht Sie besonders an? Von welchem Baum fühlen Sie sich intuitiv angezogen? Folgen Sie Ihrem Gefühl und schlendern Sie durch den Park. Wenn Sie »Ihren« Baum gefunden haben - oder der Baum Sie gefunden hat -, nehmen Sie sich etwas Zeit, um ihn kennenzulernen. Nehmen Sie sein Aussehen bewusst wahr, erahnen Sie, wie er sich anfühlen mag, und folgen Sie Ihrer Intuition, den Baum gänzlich zu begreifen. Lesen Sie vorab den Text im Kasten und machen die Übung dann aus der Erinnerung heraus, ohne zwischendurch nachzulesen, eigene Improvisationen sind willkommen.

Machen Sie nun eine kleine Pause an Ihrem Baum. Nehmen Sie Ihr Sitzkissen und setzen sich, alternativ können Sie sich auch im Stehen anlehnen. Genießen Sie die aufkommende Ruhe. Wenn Sie möchten, schließen Sie die Augen und bleiben nach Lust und Laune 10-20 Minuten bei Ihrem Baum. Hören Sie den Vögeln zu und lassen die Gedanken davonziehen. Am Ende verabschieden Sie sich von Ihrem Baum, vielleicht möchten Sie sich bei ihm bedanken oder ihn umarmen. Zum Fortsetzen der Tour laufen Sie daraufhin die Bodelschwingher Straße rechts herunter

Richtung Mulvanypark, überqueren die Kreuzung geradeaus, gehen nun auf der Mittelstraße, bis Sie an der nächsten Kreuzung die Bergstraße nach links zum Mulvanypark führt.

Auf teils kleinen Pfaden führt Sie der Weg durch den mäßig besuchten, wunderschönen Park. An einer großen Wiese befindet sich eine einladende ❷ **LIEGEBANK** für eine weitere Pause. Nehmen Sie Platz, lehnen sich zurück und genießen den wunderbaren Blick über die Wiese und den dahinterliegenden Wald, durch den Sie eben gekommen sind. Lassen Sie sich Ihr mitgebrachtes Picknick schmecken und Ihre Seele darf erneut baumeln.

FEUERSALAMANDER

BESONDERES DENKMAL

Im Park befindet sich das ❸ **HAUS GOLDSCHMIEDING,** an dessen Stelle sich ursprünglich ein Adelssitz befand, welcher 1275 erstmals urkundlich erwähnt wurde. Das Haupthaus wurde 1583 abgerissen, um Platz für das heute noch in Teilen erhaltene Renaissancegebäude zu schaffen. Der Park kam 1872 in den Besitz von Thomas William Mulvany, der den Bergbau ins Emschergebiet gebracht hatte. Als Gründer der Castroper Zeche Erin gestaltete er den Park im englischen Stil. Das Gelände ist in weiten Teilen mehr ein Wald als ein Park und bietet viele idyllische kleine Wege. Auch für zahlreiche Tiere bietet er Schutz, z. B. für den 14–20 cm langen Feuersalamander.

Nun geht es weiter und Sie verlassen bald den Park. Sie überqueren die ❹ **DORTMUNDER STRASSE,** um zur gegenüberliegenden ehemaligen Naturhindernis-Pferderennbahn zu gelangen, deren Betrieb 1970 endgültig nach hundert Jahren Betrieb und mehreren Unterbrechungen eingestellt wurde. Mulvany initiierte hier die ersten Pferderennen. Die ehemalige Hindernisbahn ist heute ein Paradies für Spaziergänger sowie Naturliebhaberinnen und steht unter Denkmalschutz. Genießen Sie den Rundweg durch die weitläufige Anlage. Sie können je nach Jahreszeit viele blühende Blumen und andere Pflanzen entdecken. Überqueren Sie am Ende erneut die Dortmunder Straße,

um wieder in den Mulvanypark zu gelangen. Auf anderen Wegen geht es zurück zum keltischen Baumkreis und zum Hammerkopfturm. Nehmen Sie noch einmal Platz und lassen diese äußerst abwechslungsreiche Tour Revue passieren. Welche Bilder tauchen vor Ihrem inneren Auge auf? Was hat Ihnen besonders gut gefallen? Nehmen Sie die schönsten inneren Bilder mit nach Hause oder beschreiben Sie sie kurz in Ihrem Tagebuch. Wenn Sie möchten, besuchen Sie zum Abschluss noch einmal »Ihren« Baum, mit dem Sie den Spaziergang begonnen haben.

NATURWISSEN

FEUERSALAMANDER

Der Feuersalamander ist über weite Teile West-, Mittel-, Süd- und Südosteuropas verbreitet und man unterscheidet verschiedene Unterarten. In Deutschland leben die gebänderte Unterart (lat. Salamandra salamandra terrestris) und die gefleckte Art (Lat. Salamandra salamandra). Nach Norddeutschland hin wird er immer seltener. Er liebt feuchte Mischwälder, benötigt kühle Kleingewässer und Quellen. Mit ein bisschen Glück entdecken Sie eines der hübschen Tiere, die durch ihre gelb gefleckte Haut unverwechselbar sind. Wenig bekannt ist, dass das Tier giftig ist und über die Haut ein entsprechendes Sekret abgeben kann. Für den Menschen ist dies jedoch ungefährlich.

AUFSTIEG ZUR SONNENUHR AUF DEM GIPFEL DER HALDE

EINE BESONDERE UHR HOCH ÜBER DER STADT

CASTROP-RAUXEL – HALDE SCHWERIN

Die Zeit prägt diese Auszeit auf ganz besondere Weise: Auf der Halde Schwerin befindet sich eine überdimensionale Sonnenuhr, die zum Staunen anregt. Nach einer kurzen, einfachen Besteigung des höchsten Punktes Castrop-Rauxels begeistern weitreichende, sich einprägende Aussichten.

START UND ZIEL
Bushaltestelle Castrop-Rauxel Grimbergstraße

DISTANZ 2,7 km (variabel)

DAUER ca. 1 Stunde und mehr

ANFAHRT
ÖPNV: Bushaltestelle Grimbergstraße,
Linien 480, 482
PKW: Bodelschwingher Straße, 44577 Castrop-Rauxel

MITNEHMEN
Picknick, Decke

GUT ZU WISSEN
eingeschränkt barrierefrei

Bestens geeignet für eine Mittagspausen- oder Feierabendtour bietet sich hier ein ungewöhnlicher Ort der Entspannung. Planen Sie eine knappe Stunde oder bei Belieben mehr Zeit ein. Weitere Wege der Halde laden zum Erkunden ein. Vor allem werktags ist der Gipfel Castrop-Rauxels ein Ort der Ruhe, auf 151 m und damit 33 m über der Umgebungshöhe gelegen, dem Alltag entrückt.

Von der Haltestelle »Grimbergstraße« kommend gehen Sie durch die Overbergstraße, welche nach Nordosten verläuft, und biegen an deren Ende nach rechts in die Bodelschwingher Straße ab, um nach wenigen Minuten linker Hand die Halde Schwerin zu erreichen (Straßenname »Zur Sonnenuhr«).

Im Jahre 1875 wurde auf der nicht weit entfernten Zeche Graf Schwerin mit der Kohleförderung begonnen. 1967 folgte die Stilllegung der Zeche und bis Mitte der 1970er-Jahre diente die Halde Schwerin noch zur Aufschüttung durch andere Zechen. 1993–1995 fand die Umgestaltung der Halde im Rahmen der Internationalen Bauausstellung Emscher Park statt. Bürger, Künstlerinnen und Planende wurden an der Gestaltung beteiligt. Das Ergebnis ist beeindruckend.

WIND UND ATMEN AUF HALDEN

Auf Halden ist es häufig windig. Stellen Sie sich in die Mitte der Halde, schließen die Augen und spüren den Wind oder Luftzug auf der Haut, Ihrem größten Sinnesorgan – im Gesicht, an Armen und Beinen. Halten Sie das Gesicht genau in Windrichtung. Aus welcher Himmelsrichtung kommt der Wind? Dies können Sie einfach herausfinden, da die Sonnenuhr exakt nach den Himmelsrichtungen ausgerichtet ist (s. Beschreibung vor Ort). Legen Sie Ihre Hände auf den Bauch unterhalb des Bauchnabels und spüren bewusst Ihren Atem. Machen Sie dies für etwa zehn bis fünfzehn Atemzüge, ohne den Atem besonders zu forcieren. Öffnen Sie die Augen und drehen sich sehr langsam um die eigene Achse und genießen die Weitsicht. Schließen Sie am Ende erneut die Augen und atmen bewusst dreimal tief ein und aus. Öffnen Sie die Augen und recken und strecken sich.

Vom ❶ **FUSSE DER HALDE** beginnen Sie nun mit der Besteigung. Entweder wählen Sie den steilen direkten Weg (s. Karte) oder Sie gehen die flachere Variante mit geringerer Steigung auf breiten Wegen. Der Aufstieg dauert 5–15 Minuten. Auf dem ❷ **GIPFEL** befindet sich die begehbare Sonnenuhr. Kommen Sie zunächst in Ruhe an. Um die Uhr zu lesen, stellen Sie sich in die Mitte und zählen die Stelen. Beachten Sie, ob Sommer- oder Winterzeit herrscht, Letztere wird bei Sonnenschein angezeigt. Vielleicht benötigen Sie ein bisschen Zeit, um die Uhr lesen zu können. Gönnen Sie sich die Freude und schauen nicht zu früh auf Ihre eigene Uhr. Sollten Sie dann beim Vergleich der beiden Uhren einen Zeitunterschied feststellen, so liegt dies daran, dass die Sonnenuhr die »wahre Ortszeit« (WOZ) bzw. die »wahre Sonnenzeit« anzeigt. An allen Orten, die auf demselben Längengrad liegen, herrschen die gleichen Zeiten. Der Moment, an dem die Sonne ihren Höchststand erreicht, ist der »wahre Mittag«.

In der Ferne sind einige prägnante Landmarken zu erkennen. Nordnordwestlich ist die Halde Hoheward in Herten in etwa 12 km Entfernung zu sehen, unverkennbar durch das Horizontobservatorium. Genau südlich liegt die Zeche Zollern in Dortmund in etwa 3 km Entfernung.

Eine Sitzbank bietet eine zusätzliche Gelegenheit zur Pause. Bleiben Sie noch eine Weile hier, machen vielleicht ein Picknick oder legen sich entspannt auf den Boden und schauen in den Himmel.

Beim Abstieg von der Halde Richtung Nordosten werden Ihnen viele ❸ **BIRKEN** auffallen, ein Blickfang mit ihren strahlenden weißen Stämmen.

Am Fuße der Halde angekommen, eröffnet sich an der ❹ **WEGGABELUNG** nach links der kürzere Weg zum Ausgangspunkt, nach rechts führt der Weg ebenfalls wieder dorthin zurück.

NATURWISSEN

BIRKE

Die Birke ist ein Pionierbaum, der sich auf brachliegenden Flächen zügig ansiedelt. Die weiße Farbe ihrer Rinde ist auf den Farbstoff Betulin zurückzuführen und dient der Reflexion des Sonnenlichts. So wird eine starke Erwärmung verhindert. Für frei stehende Bäume ist dies besonders an Wintertagen wichtig, da sonst zu große Temperaturunterschiede zwischen Sonnen- und Schattenseite entstünden, die zum Aufreißen der Rinde führen könnten. Auch wenn die Birke eher zart wirkt, so ist sie ein wahrer Überlebenskünstler. Als Bewohnerin des Nordens ist sie der winterhärteste Laubbaum und verkraftet starke Minustemperaturen genauso wie kurze sommerliche Vegetationsperioden. Die Birke hat noch andere Überlebensmechanismen: Mit ihren Zweigen schlägt sie buchstäblich nach ihren Nachbarn und verhindert so, dass Buche oder Fichte sie im Wachstum überholen.

TOUR 29

DER OBELISK AUF HALDE HOHEWARD

BEI SONNENUNTERGANG DEM HIMMEL SO NAH

HERTEN – HALDE HOHEWARD

Hoch oben auf Halde Hoheward erwartet Sie ein gigantisches Himmelsobservatorium. Auf dem Weg zum Gipfel gilt es eine Zeche und einen Obelisken zu entdecken, eine spektakuläre Aussicht folgt der nächsten. Einsame Plätze und kleine Wege laden zu Stillemomenten ein.

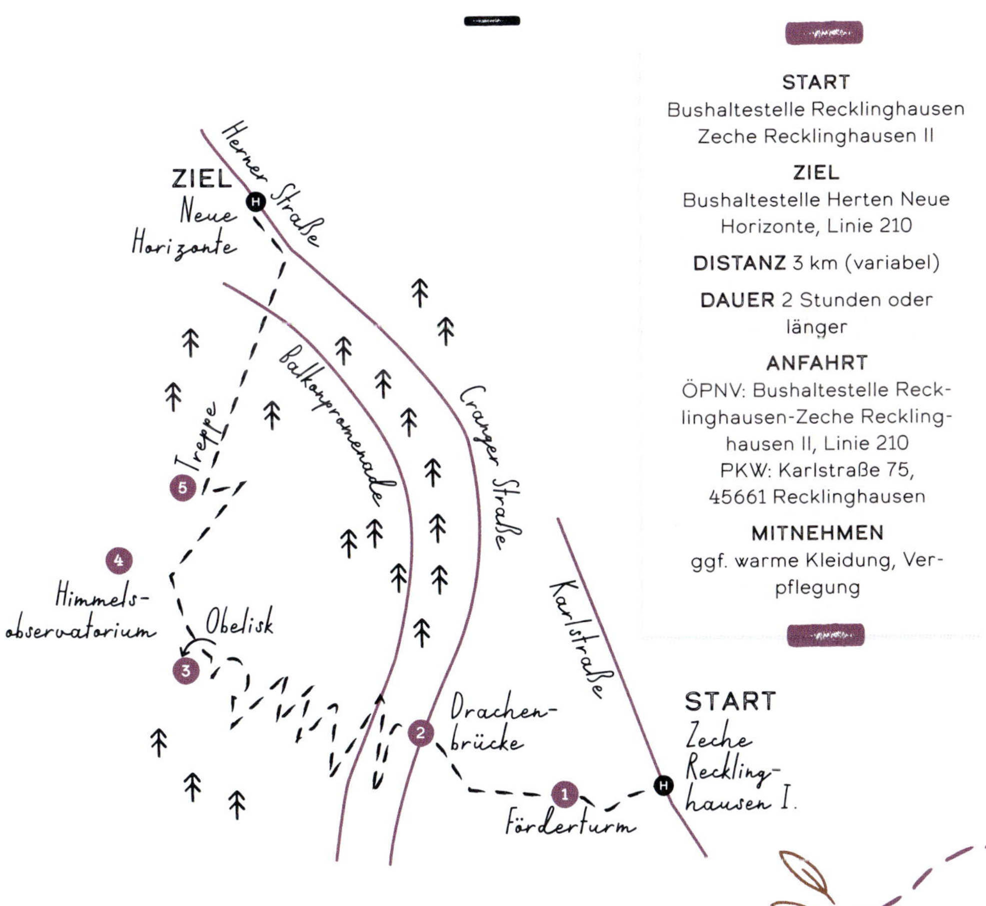

START
Bushaltestelle Recklinghausen Zeche Recklinghausen II

ZIEL
Bushaltestelle Herten Neue Horizonte, Linie 210

DISTANZ 3 km (variabel)

DAUER 2 Stunden oder länger

ANFAHRT
ÖPNV: Bushaltestelle Recklinghausen-Zeche Recklinghausen II, Linie 210
PKW: Karlstraße 75, 45661 Recklinghausen

MITNEHMEN
ggf. warme Kleidung, Verpflegung

Die Halde Hoheward liegt hauptsächlich auf Hertener Stadtgebiet, zu einem kleinen Teil in Recklinghausen. Wie so häufig im Ruhrgebiet gehen die Städte unmerklich ineinander über. Die Halde entstand durch Aufschüttungen der drei Zechen Recklinghausen II, Zeche Ewald und Zeche General Blumenthal/Haard. Die höchste Stelle der Halde ist gut 152 m ü. N. hoch. Es befinden sich zehn Aussichtsbalkone auf der Halde und die Weitsicht ist phänomenal – bei guter Sicht ist der Düsseldorfer Fernsehturm in 50 km Entfernung erkennbar. Auch die

Himmel und Erde scheinen aufeinanderzutreffen.

Halde ist aus dem Umland weithin sichtbar, so haben Sie sie durchaus auf einigen Ihrer Auszeit-Touren schon sehen können. Auch Radfahrer nutzen die Strecke auf die Halde gerne als Training, im Herbst kann man hier gut Drachen steigen lassen und nicht zuletzt bietet eine Halde in dieser Größenordnung die Möglichkeit des Wandertrainings – von wegen, im Ruhrgebiet gibt es keine Berge. Auch heute gilt: In der Ruhe liegt die Kraft. Im eigenen Tempo stellt der Anstieg kein Problem dar. Das Areal des Landschaftsparks ist etwa 750 Hektar groß und besteht aus verschiedenen Ebenen. Auf der sogenannten Basisebene umschließt eine 8 km lange Ringpromenade die gesamte Halde mit komfortablen Wegen. Auf einer 6 km langen Promenade werden die erwähnten zehn Balkone miteinander verbunden. On the Top, die Halde selbst liegt etwa 100 Meter über Umgebungsniveau, befinden sich das Himmelsobservatorium mit zwei Meridianen und der Obelisk. Es finden auch Führungen auf die Halde statt, u. a. Vollmondführungen. Natürlich können Sie auch auf eigene Faust des Nachts die Halde erklimmen. Mit Sicherheit wäre das ein unvergessliches Erlebnis. Aber auch die Zeit zu Sonnenuntergang ist fantastisch.

RIECHEN

Den ätherischen Ölen und den Wirkstoffen der Kiefernnadeln werden schleimlösende Wirkung für das Atemsystem und beruhigende Wirkung für das Nervensystem nachgesagt. Reiben Sie ein paar Nadeln zwischen den Fingern und atmen den betörenden Duft ein. Eine Miniportion olfaktorisches Waldbad mitten auf einer Halde!

BLICK AUF DIE ZECHE RECKLINGHAUSEN II

Los geht es an der Bushaltestelle »Zeche Recklinghausen II«, die unmittelbar vor den Toren des Landschaftsparks liegt. Beim Einstieg in die Tour erwartet Sie die kolossale Zeche Recklinghausen II Schacht IV, die einen Vorgeschmack auf weitere gigantische Entdeckungen macht: Der 1 FÖRDERTURM bietet den ersten Anblick, der zum Staunen anregt. Unter ihm stehend und nach oben schauend lässt es einen schwindeln! Unglaublich, kennt man so ein Gefühl doch sonst nur beim Herabschauen. Entlang des Skaterparks begleitet Sie vielleicht ein dumpfer Bass, der der Situation eine zusätzliche surreale Komponente verleiht und als passende Untermalung wahrgenommen werden kann. Bald quert die 2 DRACHENBRÜCKE die Cranger Straße. Dieses Bauwerk macht seinem Namen alle Ehre und die Sicht wird Schritt für Schritt immer weitreichender. Nach kurzer Zeit hat der Förderturm bereits eine völlig andere Dimension erreicht und bald befinden Sie sich oberhalb von ihm. Auch der erste Balkon ist schon erreicht, ein Abstecher auf ihn lohnt sich.

Neu entstandener Mischwald, in dem die Kiefer dominiert, macht den Aufstieg zu einem grünen Erlebnis. Je nach Wetterlage werden Sie den Duft der Nadeln bald in der Nase spüren. Wählen Sie nach Belieben gerne die kleinen steileren Wege, hier befinden sich kaum andere Menschen und Sie können in die Stille eintauchen. Der Weg direkt durch die Vegetation ist zudem eine kleine Abwechslung und Bereicherung zu den vielen Aussichten, die so gewaltig sind, dass Pausen tatsächlich guttun. Es gibt jedoch auch den äußerst gut ausgebauten Weg, der mit weniger Steigung in Serpentinen nach oben führt.

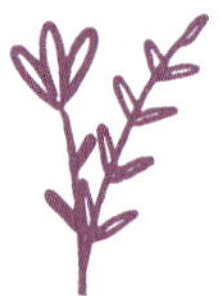

Kurz vor dem ❸ OBELISKEN gibt es einige Sitzmöglichkeiten, von hier lässt sich die Aussicht besonders gut genießen. Der wundervolle Ausblick lässt sich an dieser Stelle sehr gut mit einer körperlichen Stärkung verbinden.

Im Süden ist das Heizkraftwerk Herne mit seinen Türmen mehr als deutlich zu sehen, im Westen ist der Förderturm von Zeche Hugo gut erkennbar. Von Ihrer Sitzgelegenheit aus haben Sie die Möglichkeit, auf direktem und kurzem, etwas steilerem Weg Richtung Obelisk aufwärtszugehen. Dieser stellt eine Sonnenuhr dar. Plötzlich wird die Spitze sichtbar und bald ist das Plateau erreicht. Was mögen wohl unsere Nachfahren denken, wenn Sie die Halden und deren Kunstwerke in Augenschein nehmen oder diese vielleicht sogar neu entdecken? Werden diese so geheimnisvoll wahrgenommen, wie wir beispielsweise Stonehenge aus der Frühsteinzeit oder die Steinfiguren der Osterinseln wahrnehmen? Wird es Mythen und Unklarheiten geben, was es damit auf sich hatte? Stellen Sie sich einmal vor, dass diese Objekte neu entdeckt werden. Vielleicht macht eine solche Vorstellung die Gewaltigkeit dieser Werke noch größer und eindrücklicher.

Vor Ort ist eine ausführliche Erklärung zum Lesen der Sonnenuhr zu finden. Auf dem Boden ist abzulesen, auf welcher Datums- oder Stundenlinie sich der Schatten der Spitze gerade befindet.

Oben auf der Halde ist es häufig sehr windig, im Herbst und Winter kann zusätzliche Kleidung hilfreich sein. In der Nähe des ❹ HIMMELSOBSERVATORIUMS hören Sie wahrscheinlich den Wind durch die Stahlrohre pfeifen. Das Himmelsobservatorium kann als imposantes Kalenderbauwerk des 21. Jahrhunderts bezeichnet werden. Himmel und Erde treffen hier aufeinander. Befindet man sich genau in der Mitte des Bauwerks, das aus zwei riesigen Stahlbögen besteht, erscheint das Plateau der Halde in allen Richtungen wie ein künstlicher Horizont. Mithilfe von Peilmarken können Sonnenauf- und -untergang und weitere wichtige kalendarische Ereignisse wie

SONNENUNTERGANG AUF DER HALDE

HORIZONTOBSERVATORIUM

Sonnenwenden und Jahreszeiten beobachtet werden.

Merken Sie, dass Ihre Gedanken in den Hintergrund treten oder sich gar nicht bemerkbar machen? Das Erleben von Faszination ist eine einfache Möglichkeit des Achtsamseins, des ganz im Hier-und-Jetzt-Seins, fokussiert oder auch überwältigt von Schönheit, Größe oder Ungewohntem. In der Natur ist es sehr einfach, diesen Zustand zu erleben. Nehmen Sie dort das Kleine bewusst wahr, stellt sich Faszination schnell ein. Durch die Mächtigkeit der Halde, ihre Kunstwerke und die Aussichten stellt sich diese Haltung hier vielfach und rasch ein.

ABSTIEG BEWUSST ERLEBEN

Auf Ihrem Rückweg geht es auf direktem Wege nach unten über eine schier endlos wirkende 5 TREPPE aus Stahldraht. Verlassen Sie bewussten und langsamen Schrittes die Halde und vergegenwärtigen sich den Höhenunterschied, den Sie zuvor erklommen haben. Herten ist wieder erreicht und es besteht die Möglichkeit, mit dem Bus an der Haltestelle »Neue Horizonte« die Rückreise anzutreten. Alternativ können Sie auf der Halde noch weiter Richtung Norden gehen und diese dann über den Zugang »Hohewardstraße Nord« verlassen, wo dieselbe Buslinie an anderer Haltestelle erreicht werden kann.

»DAS ENTSCHLAFEN DER MUTTER GOTTES«

GESCHICHTE UND FARBENFROHSINN

RECKLINGHAUSEN - IKONEN-MUSEUM

Das Ikonen-Museum ist das bedeutendste Museum ostkirchlicher Kunst außerhalb orthodoxer Länder. Fast 4000 Ikonen aus Russland, Griechenland und den Balkanstaaten sind auf kleinstem Raum ausgestellt. Ebenso finden Sie Stickereien, Holz- und Metallarbeiten.

START UND ZIEL
Recklinghausen Hauptbahnhof, Fußweg zum Museum ca. 12 Minuten (0,5 km)

ANFAHRT
ÖPNV: Recklinghausen Hauptbahnhof. PKW: Kirchplatz 2a, 45657 Recklinghausen

GUT ZU WISSEN
barrierefrei

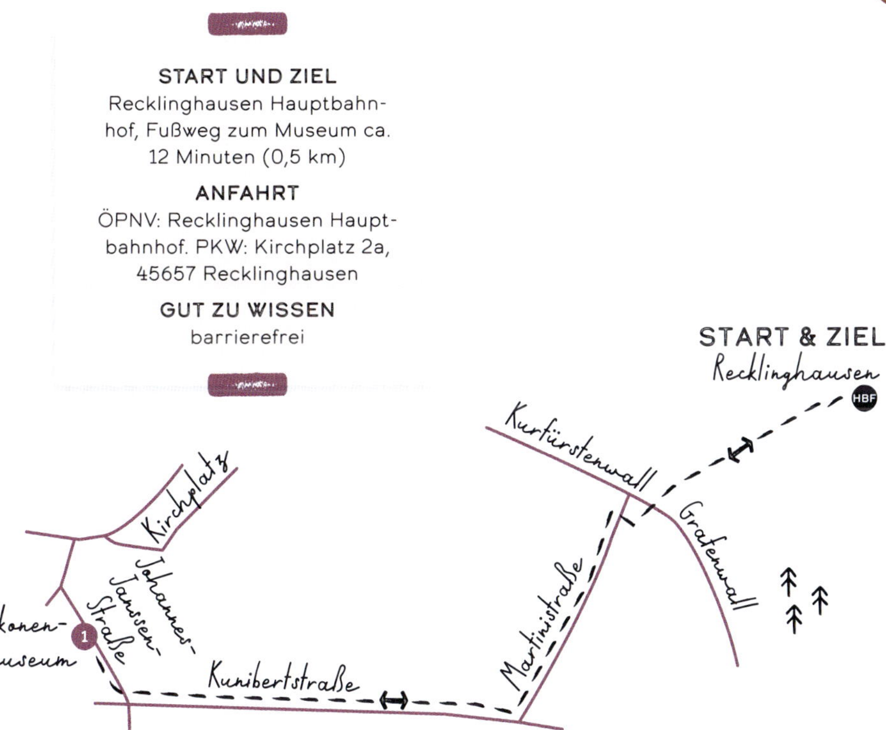

Die Idee zur Gründung des ❶ **IKONEN-MUSEUMS** war fast zufällig. Im Jahre 1955 fand in der Städtischen Kunsthalle Recklinghausen eine Ausstellung von hundert Ikonen statt, die sich alle im westdeutschen Privatbesitz befanden. Die Ausstellung zog erstaunlich viele Interessierte an, was aufgrund der Unbekanntheit der Kultbilder für Überraschung sorgte. Als kurz darauf zwei bedeutende Ikonensammlungen zum Kauf angeboten wurden, kaufte sie Thomas Grochowiak, der damalige Direktor der Recklinghauser Kunsthalle, und der inhaltliche Grundstein für das Museum war gelegt.

Heute umfasst die Sammlung fast 4000 Ikonen aus dem Zeitraum vom 13. bis zum 20. Jahrhundert und zieht Menschen von nah und fern an.

Außerdem befinden sich in Bronze gegossene Metallikonen und Kreuze, Münzen, Miniaturmalereien, Goldstickereien, Schnitzereien und Goldschmiedearbeiten im Museum.

Die Sammlung wird auf drei Etagen unter thematischen Gesichtspunkten wie z. B. Christus- und Engelikonen und Ikonostase präsentiert. Letzteres ist eine mit Ikonen geschmückte Wand mit drei Türen und findet sich in orthodoxen Kirchenbauten, typisch in der Tradition der Ostkirchen. Die Ausstellung folgt also nicht herkömmlichen kunsthistorischen oder chronologischen Ordnungen.

Vor allem die Kunstwerke in der ersten Etage bestechen durch ihre intensive Farbvielfalt und regen zum Staunen an. Viele Darstellungen ziehen lange den Blick der Besucher und Betrachterinnen auf sich. Je länger Sie dem jeweiligen Kunstwerk Ihre Aufmerksamkeit schenken, desto mehr Details werden Sie entdecken können. Auch wenn das Museum klein ist, können Sie sich hier sehr lange aufhalten.

Im orthodoxen Kult und in der kirchlichen Liturgie wird durch Hilfe von Bildern und Symbolen Überirdisches und Unsichtbares erfahrbar und gegenwärtig. Dies geschieht vor allem durch die Darstellung von Ikonen, die in der orthodoxen Tradition einen besonders hohen Stellenwert erlangt haben.

KLEINE AUSWAHL AUS DER DAUERAUSSTELLUNG

AUFERSTEHUNG CHRISTI, FESTTAGE, BIBLISCHE SZENEN UND KLÖSTER IM HEILIGEN LAND (Russland, Vetka, 19. Jh., Eitempera auf Holz)
In dieser Ikone werden die wichtigsten Heilsereignisse im Heiligen Land in über dreißig kleinen Bildern dargestellt. Zahlreiche Klöster und Stadtmauern aus der näheren Umgebung Jerusalems sind abgebildet. Alle Orte werden bis heute von Pilgernden aufgesucht. Mittig ist die Auferstehung Christi mit Verweis auf die Grabeskirche dargestellt.

Ein Bild, das zum längeren Verweilen einlädt. Lassen Sie sowohl die vielfältigen inhaltlichen Darstellungen als auch die intensiven Farben auf sich wirken.

IKONEN-MUSEUM

DAS ENTSCHLAFEN DER MUTTER GOTTES (KOIMESIS) (Griechenland/Kreta, datiert 1677, Eitempera auf Holz)
Die Ikone stellt die Aufnahme der Seele Mariens in den Himmel sowie ihre leibliche Himmelfahrt dar. Von zwei Engeln auf einer Wolke getragen wird die Mutter Gottes von den geöffneten Himmelspforten empfangen. Eine weitere Szene ist die Darstellung der Apostel, die sich in der ganzen Welt auf Missionsreisen befinden und ebenso auf Wolken zum Ort des Geschehens gebracht werden. Sie sind im Gegensatz zur Mutter Gottes in Grautönen dargestellt.

LUKAS MALT DIE IKONE DER MUTTERGOTTES HODEGETRIA (Byzanz, Anfang 15. Jh., Eitempera auf Holz)
Diese eher kleine Ikone ist eines der Hauptwerke des Museums. Sie stellt den Apostel und Evangelisten Lukas dar, welcher der Legende nach die Ikone der Muttergottes Hodegetria gemalt haben soll. Diese steht auf einer dreibeinigen Staffelei und Lukas vollendet sein Werk mit letzten Pinselstrichen.

In der zweiten Etage erwarten Sie in der Koptischen Abteilung die ältesten Werke des Museums und der Übergang von spätantiken zu christlichen Motiven in der ägyptischen Kunst lässt sich hier gut nachvollziehen.

MUMIENPORTRÄTS
Die Porträts der beiden Frauen und des Mannes stammen aus Ägypten aus dem 1. bis 3. Jh. n. Chr. Sie dienten zur Kennzeichnung mumifizierter Verstorbener. Der ägyptische Totenglaube verlangte sowohl die Konservierung der Verstorbenen als auch die eindeutige Identifizierbarkeit. Bereits zu Lebzeiten wurden die Abbilder der Menschen angefertigt.

Vor allem werktags ist das Besucheraufkommen sehr gering. Sonntags um 15 Uhr finden regelmäßig Führungen statt, die im Eintrittspreis enthalten sind, auch Workshops für Kinder werden veranstaltet. Neben der Hauptausstellung finden regelmäßig Zusatzausstellungen statt. Das Museum verfügt auch über eine Fachbibliothek, die zu Studienzwecken nach Voranmeldung genutzt werden kann. Es besteht die Möglichkeit, am selben Tag das Museum ein weiteres Mal aufzusuchen, ohne erneut Eintritt zu zahlen.

WEITERE INFOS:

→ Öffnungszeiten:
Dienstag bis Sonntag 11-18 Uhr
→ Eintrittspreise: 6 €, ermäßigt 3 €
→ www.ikonen-museum.com

EISVOGEL AUF SEINER SITZWARTE

URSPRÜNGLICHE WÄLDER UND PLÄTSCHERNDE BÄCHE

MARL-SINSEN - DIE BURG

Das Naturschutzgebiet »Die Burg« besticht durch eine ganz besondere Atmosphäre. Vielleicht liegt das an der alten »unterirdischen Burg« unter diesem wunderschönen ursprünglichen Wald, bestehend aus Buchen, alten Eichen und Erlen. Ein Paradies für Ruhesuchende.

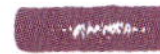

START
Bushaltestelle Marl Burgstraße

ZIEL
Bahnhof Marl-Sinsen

DISTANZ ca. 4,5 km (variabel)

DAUER 2 Stunden oder länger

ANFAHRT
ÖPNV: Bushaltestelle Marl Burgstraße, Linie 220

MITNEHMEN
ggf. kleines Handtuch (Barfußgehen)

GUT ZU WISSEN
Leinenpflicht für Hunde im Naturschutzgebiet mit sensiblen Uferbereichen

Seit 1991 ist das etwa 143 Hektar große Gebiet ein Naturschutzgebiet. Besonders eindrucksvoll sind die mäandernden Bachläufe von Silvertbach und Nieringsbach, die das Gebiet durchfließen. Seltene Vogelarten haben an den Steilufern ihre Bruthöhlen angelegt, so zum Beispiel der Eisvogel. Vor mehr als tausend Jahren zu mittelalterlichen Zeiten versteckten die Menschen in einer Erdburg ihre Schätze, wenn Gefahr drohte. Die Wälle der Erdburg sind heute komplett vom Wald überwachsen. Das Naturschutzgebiet »Die Burg« beinhaltet neben dem alten Waldbestand auch Feuchtwiesen und sehr große Bestände an Totholz, welches unabdingbar für das Ökosystem Wald ist. Das Geheimnis dieses Gebietes liegt in den verwunschenen Wegen durch dicht gewachsenes Grün, teilweise an romantischen Bachläufen entlang.

Von der Bushaltestelle »Burgstraße« kommend gelangen Sie nach zwei bis drei Fußminuten auf der Halterner Straße Richtung Norden links in den Wald, der Sie mit beeindruckender Schönheit empfängt. Vielleicht werden Sie ganz automatisch langsamer und genießen so noch intensiver die Umgebung. Bald kreuzen Sie den kleinen ❶ **NIERINGSBACH** und links von Ihnen liegt die beschriebene alte Wall- bzw. Bodenburg - sichtbar ist von ihr jedoch nichts mehr. Das tut der wunderbaren Stimmung jedoch keinen Abbruch, immer tiefer tauchen Sie in dieses grüne Kleinod ein. Bei der nächsten Abzweigung geht es nach rechts und bald führt der Weg in kleiner Entfernung zum ❷ **KORTHÄUSER GRABEN** Richtung Norden. Rechter Hand wird über eine kleine Brücke der wunderschöne ❸ **SILVERTBACH** überquert. Die Bäche im Wald bieten eine herausragende Wasserqualität und

NATURWISSEN

EISVOGEL

Der hiesige Eisvogel (lat. Alcedo atthis) ist in Mitteleuropa die einzige Eisvogelart. Weitere Arten leben in Asien, Nordafrika und anderen Teilen Europas. Der Eisvogel ist unverwechselbar, schillert er doch in den schönsten Farben Blau, Türkis (daher der Name »Eisvogel«) und rotbraun. Seine Größe beträgt etwa 17 cm und er ernährt sich von kleinen Fischen, Kaulquappen und Insekten. Er ist auf Steilhänge in Ufernähe angewiesen, um dort seine knapp ein Meter langen Brutröhren zu bauen. Oft sitzt er im schattigen Uferbereich und stößt pfeilgerade ins Wasser, um Beute zu fangen. Ihn zu entdecken, ist eine wahre Freude und immer wieder ein faszinierender Moment!

PIROLWEIBCHEN AM NEST

vernetzen den Wald-Gewässer-Komplex mit dem Fließgewässersystem der Lippe. Links liegen zwei Teiche, die seltenen Tier- und Pflanzenarten Heimat bieten.

Auch Amphibien wie Grasfrosch, Bergmolch oder Erdkröte haben in den Teichen einen Lebensraum gefunden. Weitere Tierarten, die teilweise auf der Roten Liste stehen, wie Habicht, Waldkauz, Hohltaube, Schwarzspecht und sogar der Pirol leben hier. Ebenso einen Lebensraum gefunden haben die Gebänderte Prachtlibelle, Bachforelle, Wasserfledermaus und Großer Abendsegler. Seltene Pflanzenarten sind beispielsweise: Sumpf-Dotterblume, Bitteres Schaumkraut, Hohe Schlüsselblume und Goldenes Frauenhaar. Die Vielfalt der hiesigen Tier- und Pflanzenarten übt eine ganz besondere Faszination aus.

Bald ist die Gräwenkolkstraße erreicht, vor ihr geht es jedoch nach links und der Bahnhof Marl-Sinsen ist noch etwa 1,5 km entfernt. Kurz vor Ende des Waldweges biegen Sie rechts ab und erreichen erneut die Gräwenkolkstraße, die Sie nach links zum Bahnhof führt. Sicherlich werden Sie die kleine Wanderung abwechslungsreich in Erinnerung behalten. Auch das letzte Stück des Weges ist wunderschön und bietet genussvolle, den Spaziergang abrundende Eindrücke.

BARFUSSGEHEN

Das Eintauchen in die Natur können Sie noch verstärken, indem Sie barfuß gehen. Viel zu selten machen wir das, zuletzt vielleicht in unserer Kindheit. Der Boden ist hier leicht sandig, was ein sehr angenehmes Gefühl unter den Füßen hervorrufen kann. Ab und zu liegen Baumstämme am Wegesrand und laden mit Blick auf den glitzernden Bach zum Verweilen ein. Ein wirklich perfekter Ort für einen heißen Sommertag. Weiter des Weges verändert sich der Untergrund und Sie können eine wunderbare Fußreflexzonenmassage erhalten. Ihr Tempo dürfte sich bei der Untergrundveränderung noch weiter verlangsamen. Seien Sie achtsam beim Barfußgehen und entscheiden bewusst, wann Sie es beenden möchten. Bitte beachten Sie, dass bei Diabetes oder Gefäßkrankheiten vom Barfußgehen abgeraten wird.

FEUERWACHTURM – MONUMENT AKTIVER BRANDÜBERWACHUNG

ÜBER BAUMWIPFELN UND QUER ÜBER DIE LIPPE

HALTERN AM SEE – DIE HAARD UND DER FEUERWACHTURM

Hoch hinaus geht es auf den Feuerwachturm auf dem Rennberg im Waldgebiet »Die Haard«. Es locken schöne Mischwälder, Wege mit leichtem Auf und Ab sowie eine ausgefallene Flussüberquerung. Ein Besuch der Stiftskirche bietet kulturelle Einblicke.

START UND ZIEL
Bushaltestelle Haltern am See Stiftsplatz

DISTANZ 9 km

DAUER 3 Stunden oder länger

ANFAHRT
ÖPNV: Bushaltestelle Haltern am See Stiftsplatz, Linie 288
PKW: Stiftsplatz 7, 45721 Haltern am See (Parken in der Umgebung)

MITNEHMEN
Fernglas, sofern vorhanden

Ihre Tour startet an der Bushaltestelle »Stiftsplatz«, welche ca. 50 m vom Kloster Flaesheim bzw. von der Stiftskirche entfernt liegt, die am Ende der Tour besucht werden kann. Die Flaesheimer Straße wird überquert und Sie folgen der Straße »Zum Dachsberg«, welche Sie bis in den Wald hineinführt. Das Gebirge »Die Haard« erscheint zwar eher klein und niedrig, bildet mit seinen etwa 5500 Hektar jedoch die grüne Lunge des nördlichen Ruhrgebiets und ist neben der sich anschließenden Hohen Mark das größte zusammenhängende Waldgebiet am Nordrand des Ruhrgebiets. Sie bewegen sich heute durch den besonders abwechslungsreichen nördlichen Teil der Haard. Der Wald wird teils von Wiesen und Feldern unterbrochen. Bis zum Feuerwachturm führt der Weg über den gut ausgezeichneten »Hohe Mark Steig«. Vorbei geht es an einem **1 HOLZKOHLEMEILER** mit interessanten Erläuterungen und einer genauen Schautafel, die die Funktion des Meilers detailliert beschreibt. Jedes Jahr im April wird hier das Handwerk aus vergangenen Zeiten wiederbelebt und der Holzkohlemeiler in Betrieb genommen. Eröffnung ist jeweils am 1. Mai, dann beginnt die dreiwöchige Brenndauer. Am Ende des Monats kann die fertige Holzkohle erworben werden. Es soll an die Bedeutung der Holzkohle für das Ruhrgebiet erinnert werden. Sie war für die Erzeugung von Glas und Eisen unerlässlich und auch der Wald spielte am Beginn der Industrialisierung eine immense Rolle.

Bald werden Ihnen auch die typischen Bänke des Hohe Mark Steigs auffallen, die dasselbe Pink tragen wie die Wegauszeichnung. Sie machen häufiges Pausieren auf dieser Runde leicht möglich. Direkt hinter dem Platz mit dem Köhler biegen Sie an einem wunderschönen Naturdenkmal, einer urwüchsigen Buche, zweimal links ab, da-

NATURWISSEN

VOGELBEERE

Der Name Vogelbeere wird aus dem Lateinischen abgeleitet (aucuparia: avis = au = Vogel; capere = fangen). Tatsächlich sind früher Millionen von Vögeln, vor allem Drosseln, dem Vogelfang zum Opfer gefallen, wenn sie bei ihrem Zugverhalten Rast in den Bäumen mit den roten Beeren machten. Es ist jedoch nicht geklärt, ob der Name daher rührt oder ob es zu dem Namen kam, weil der Baum mit seinen verlockenden Früchten die Vögel anzieht. Der ebenfalls gebräuchliche Name des Baums, Eberesche, lässt sich von eber = aber = falsch ableiten, also »Falsche Esche«, sind die Blätter der Eberesche der echten Esche doch sehr ähnlich.

DIE VOGELBEERE - SCHLARAFFENLAND FÜR FUTTER SUCHENDE VÖGEL

nach scharf rechts. Im Sommer werden auf diesem Weg viele blühende Blumen oder auch die Früchte der Vogelbeere, auch Eberesche genannt, vorzufinden sein. Lassen Sie solche Momente auf sich wirken und bleiben öfter stehen, um Ihre Seele unter all diesen faszinierenden Eindrücken auftanken zu können. Riechen Sie an den Blüten und lauschen dem Brummen der Bienen und Hummeln.

Der Weg weist bald eine leichte, aber stetige Steigung über sandige Wege auf. Mit etwas Glück treffen Sie bei Ihrer Ankunft auf dem ❷ **FEUERWACHTURM** den freundlichen Feuerwächter an. Gerne bereit zu einem Plausch, erklärt er bereitwillig die Umgebung. In der Sommerzeit ist der Turm von etwa 11-19 Uhr besetzt. Äußerst spannend ist das analoge Ortungssystem auf dem Turm, mit dem der Feuerwächter Brandorte sehr genau lokalisieren und somit die richtigen Koordinaten an die Feuerwehr übermitteln kann. Insgesamt gibt es in dem Gebiet drei besetzte Feuerwachtürme. Dieser Turm liegt 135 m hoch und hat 167 Stufen, die Sie in die Höhe führen. Er befindet sich etwa in der Mitte der Haard und bietet eine fantastische Aussicht. Auch unbesetzt ist er geöffnet und zu besteigen. Mithilfe der angebrachten Windrose können

Sie sich gut orientieren und viele Landmarken ausfindig machen. Im Südosten ist das Kohlekraftwerk Datteln mit seinem Kühlturm gut zu erkennen, etwas weiter weg liegt das Kraftwerk Herne. Im Südwesten erhebt sich das riesige Kraftwerk Scholven in Gelsenkirchen. Im Nordwesten ist die Westruper Heide als schmaler heller Streifen sichtbar. Im Westen liegt die Halde Hoheward mit ihrem unverkennbaren Horizontobservatorium, einem Kunstwerk aus Metall, welches Astronomie wie in prähistorischen Zeiten ermöglicht. Auch heute lohnt sich das Mitnehmen eines Fernglases. Lassen Sie sich hier oben ausreichend Zeit und schauen auch mal länger ohne Fernglas zum Horizont und nehmen Sie die Weite mit ihrer erhebenden Wirkung in sich auf – die Aussicht ist eine wahre Augenweide.

Auf dem Rückweg zum Ausgangspunkt verlassen Sie kurz nach dem Feuerwachturm den Hohe Mark Steig und wandern weiter durch die schöne Haard. Sie halten sich dabei erst nordwestlich, dann nordöstlich.

GEHEN UND SCHAUEN

Sind Sie auf dem ein oder anderen Weg vielleicht schon geschlendert, so dürfen Sie heute eine weitere wahrscheinlich unbekannte Art des Gehens ausprobieren: »Gehen und Schauen«, welche auch eine wunderbare Übung für die Augen ist. Häufig ist unser Blick beim Gehen auf den Boden gerichtet. Unsere Vorfahren, die z. B. noch mit der Begegnung des Säbelzahntigers rechnen mussten, hätten auf diese Art wenig Überlebenschancen gehabt. Stattdessen haben sie langsam gehend Fuß vor Fuß gesetzt und den Blick schweifen lassen. Durch eine Art Rundumblick oder peripheres Sehen konnten sie auch rechts und links des Weges frühzeitig Gefahren erkennen. Aus evolutionärer Sicht waren nicht die Augen alleine dafür zuständig, ohne Probleme über Stock und Stein gehen zu können, sondern v. a. der Gleichgewichtssinn. Mit einer langsamen »Fuß vor Fuß«-Fortbewegung und einem geschulten Gleichgewichtsgefühl, welches sich mit dieser Übung wunderbar trainieren lässt, lassen sich Unebenheiten oder Wurzeln und Steine auf dem Weg mit den Füßen erkennen. Gleichzeitig verstärkt sich die Wahrnehmung, die Augen werden trainiert und Sie werden viel mehr auf dem Weg sehen als sonst. Lassen Sie es unbedingt sehr langsam bei dieser Übung angehen.

FÄHRE MAIFISCH

BLICK ÜBER DIE HAARD VOM FEUERWACHTURM

Wenn Sie wenigstens zu zweit unterwegs sind, ein bisschen Abenteuerluft schnuppern möchten und am Ende noch etwas wahrlich Ungewöhnliches erleben wollen, so statten Sie noch der Lippe-Fähre Maifisch, die per Hand zu bedienen ist, einen Besuch ab. Der 3 WESER-DATTELN-KANAL und die 4 LIPPE sind dafür über einen Schlenker nach Norden zu überqueren; es geht zurück nach Süden und bald ist die Lippe erneut erreicht. Falls Sie etwa 600 m sparen wollen, gehen Sie nicht über die Brücke, sondern weiter auf der Flaesheimer Straße, biegen nach wenigen Minuten links Richtung 6 STIFTSKIRCHE ab (hier sind Sie gestartet), gehen an dieser vorbei Richtung Norden über den Kanal und erreichen in Kürze nach einer scharfen Rechts- und Linkskurve die 5 LIPPE-FÄHRE MAIFISCH, von der hiesigen Seite. Aus Sicherheitsgründen ist es vorgeschrieben, diese mit mindestens zwei Personen zu bedienen. Je nachdem, welche Wegvariante Sie gewählt haben, überqueren Sie ein- oder zweimal (kürzere Wegvariante) die Lippe mit der Handfähre.

LAUSCHIGER PLATZ UNTER BIRKEN ZUM VERWEILEN

BALSAM FÜR DIE SEELE

HALTERN AM SEE - WESTRUPER HEIDE

Die lieblich anmutende Heidelandschaft mit Blütezeit im August und Anfang September umschmeichelt das Gemüt und vermittelt ein einzigartiges Gefühl von unberührter Natur. Möglicherweise begegnen Sie Heidschnucken, welch eine Freude!

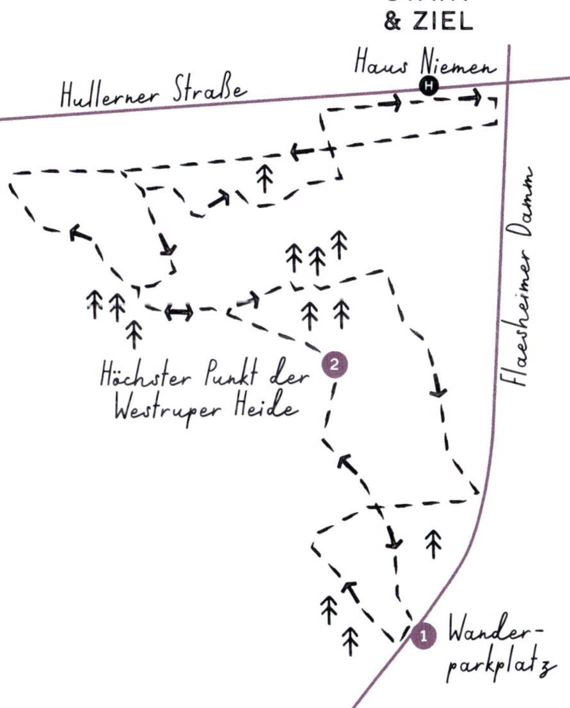

START UND ZIEL
Bushaltestelle Haltern Haus Niemen

DISTANZ 5,8 km (variabel)

DAUER 2-3 Stunden

ANFAHRT
ÖPNV: Bushaltestelle Haltern Haus Niemen, Linie 272
PKW: Wanderparkplatz Westruper Heide, Flaesheimer Damm/ Westruper Straße, 45721 Haltern am See (vom Parkplatz aus anderer Einstieg in die Heide, s. Info unten)

MITNEHMEN
Malutensilien

GUT ZU WISSEN
teilweise rollstuhlgerecht, für Menschen mit Sehbehinderung ausgezeichnet

Der Begriff »Kulturlandschaft« ist eigentlich zutreffender als der Begriff »Natur«, sind Heidelandschaften in der Regel doch vom Menschen geschaffen. Dies trübt das Wohlgefühl jedoch in keinster Weise, gibt es doch so viel zu entdecken und haben viele seltene Tiere Unterschlupf in diesem Naturschutzgebiet gefunden. Auch wenn die Westruper Heide mit einer Fläche von knapp 88 Hektar überschaubar in ihrer Größe ist, so vermittelt sie doch ein Gefühl von Weite. Verschiedene Wanderwege mit seichtem Auf und Ab über wenig begangene Pfade führen durch sie hindurch. Das gesamte Gebiet ist in zwei bis drei Stunden zu begehen, allerdings können Sie auch mit weniger Zeit die Heide kennenlernen. Am besten folgen Sie Ihrer Intuition oder Sie nutzen die Themenwege, über die Tafeln vor Ort informieren. Exemplarisch finden Sie in der Karte eine mögliche Route. Der alternative Beginn der Tour beim angegebenen ❶ **WANDERPARKPLATZ** ist auf etwa halber Strecke mit einbezogen. Der ❷ **HÖCHSTE PUNKT DER HEIDE** wird nach zwei Dritteln der Strecke erreicht.

Die Heide bietet viele wunderschöne Sitzgelegenheiten und lässt Sie den Alltag schnell vergessen. Selbst zur Heideblüte Anfang August bis Anfang September ist die Anzahl an Besuchern überschaubar und Sie können viele ruhige Plätze zum Verweilen finden. Mit ein bisschen Glück begegnen Sie einer Heidschnuckenherde, die begierig die Landschaft beweidet. Manchmal bewegen sich die Tiere wie eine Wolke oder ein Schwarm durch die Heide und scheuen auch die Nähe zum Menschen nicht. Ohne diese Tiere gäbe es die Heidelandschaft nicht, halten sie die Heide doch von zu viel Gehölz und Baumbewuchs frei.

NATURWISSEN

HEIDELERCHE UND NEUNTÖTER

Seltene und geschützte Tiere sind hier beheimatet, wie z.B. die Heidelerche, deren weibliche Tiere Anfang April zwei Wochen lang geschützt im Heidekraut brüten und danach noch einmal so lange ihre Jungen am Boden füttern, bevor diese flügge werden. Die Männchen wiederum sitzen in den Bäumen oder Wacholderbüschen und grenzen durch ihren Gesang ihr Revier ab. Auch der Neuntöter findet sich hier, der seinen Namen nicht umsonst trägt, spießt er doch seine gejagten Insekten oder auch kleine Mäuse und Jungvögel auf Dornen auf, um sie später zu verspeisen.

AUFMERKSAMER NEUNTÖTER BEIM BLICK ÜBER SEIN REVIER

Heidelandschaften entstanden in der Regel durch Übernutzung von Waldflächen. Die Wälder wurden lichter und die Heidepflanzen konnten diese Gebiete erobern. Auch die Westruper Heide entstand so. Ihre Ursprünge liegen in einer nacheiszeitlichen Dünenlandschaft. Um die einst sehr weitläufige Heidelandschaft für zukünftige Generationen zu erhalten, wurden bereits 1936 ca. 63 Hektar ihrer Fläche unter Naturschutz gestellt. Heute handelt es sich bei diesem größten Zwergstrauchheidengebiet Westfalens um ein FFH-Schutzgebiet (Fauna-Flora-Habitat-Gebiet). Es gilt als wichtiges Element im Biotopverbund der Moore und Heiden im südlichen Münsterland.

Im Sommer weideten hier zu Bewirtschaftungszeiten Schafe, im Winter erhielten die Tiere das gemähte junge Heidekraut in Trockenform. Man sagt, die Heidepflanze habe eine Lebenszeit von etwa 50 Jahren: 15 Jahre kommt sie, 15 Jahre steht sie und 15 Jahre vergeht sie. Dass sich Heidelandschaften über so lange Zeiträume halten konnten, geht auf ihre Bewirtschaftung zurück. Mahd, Beweidung und teilweise auch das Abbrennen der Altpflanzen gehörten dazu. Der Boden wurde so mit Nährstoffen durch Asche angereichert und der Anbau von z.B. Buchweizen und Hafer ermöglicht. Ihre letzte große »Blüte«-Zeit erlebte die Heide in hiesigen Gebieten vor etwa 200 Jahren. Im Zuge der Verfügbarkeit von Rohrzucker und Baumwolle wurden Heidschnuckenwolle und Heidehonig allerdings im Laufe der Zeit immer uninteressanter und im Gebiet von Haltern verschwanden die meisten Heidelandschaften.

REGENERATION DER HEIDE

Auf Ihrem heutigen Weg finden Sie häufig alte Eichen, Kiefern, Wacholderpflanzen und auch viele schön gewachsene Birken, die als sogenannte Pionierbäume als erste Bäume neue Flächen erobern.

1979 gab es in der Westruper Heide die letzten intakten Heidebestände, die jedoch so stark vom Heidekäfer befallen wurden, dass sie keine Überlebenschancen hatten. Es fanden Überlegungen statt, das Gebiet sich selbst zu überlassen, was eine natürliche Bewaldung zur Folge gehabt hätte. Man entschied sich jedoch, die Heide durch starken Maschineneinsatz in einen solchen Zustand zu bringen, dass sie sich wieder regenerieren und verbreiten konnte. Um die Pflege der Heide sicherzustellen, wurden Patenschaften geschlossen. Jedoch wurden die Paten irgendwann müde in ihrer Arbeit und der Ruf nach der Beweidung durch Heidschnucken wurde laut, was 1992 auch wieder eingeführt wurde und bis heute Bestand hat.

Auch in kühleren Jahreszeiten ist die Heide ein willkommener Ort zum Herunterkommen und Entschleunigen. Die ungewohnten Eindrücke machen es leicht, Faszination zu verspüren. Diese Faszination ist eine ganz natürliche und einfache Art der Aufmerk-

SCHMEICHELNDER SAND

Der feine Sand auf den Wegen macht Lust sich der Schuhe und Socken zu entledigen. Beachten Sie bitte, dass bei Diabetes oder Gefäßkrankheiten vom Barfußgehen abgeraten wird. Sie können sich kaum verlaufen, sind die Wege in ihrer Anzahl doch überschaubar und das Verlassen der Wege sowieso nicht möglich bzw. nicht erlaubt. Spüren Sie den Sand unter Ihren Füßen und zwischen den Zehen und entschleunigen Sie Ihr Tempo. Lassen Sie den Sand auch mal durch die Finger rieseln oder graben die Hände etwas ein. Vielleicht kommen Kindheitserinnerungen auf? Das so erlangte Körpergefühl vereinfacht das Abschalten und Ankommen im Hier und Jetzt. Gehen Sie nach Lust und Laune eine kürzere oder längere Strecke barfuß, nutzen Sie die Bänke und schalten vom Alltag ab.

LEUCHTENDE FARBENPRACHT DER HEIDE

HEIDSCHNUCKEN

samkeit und Achtsamkeit. Die freudvolle Konzentration auf diesen einen Moment an diesem einen Ort kann unmittelbar meditative Wirkung entfalten. Vielleicht lassen Sie trotz aller Schönheit die Kamera heute mal in der Tasche bzw. nutzen sie nur selten und schalten Ihr Handy ab. Wer es mag, darf natürlich auch an diesem besonderen Ort die Malutensilien dabeihaben. Das abwechslungsreiche Gebiet erwartet Sie mit vielen beeindruckenden Ausblicken.

SEBBELHEIDE UND SEEN

Östlich der Flaesheimer Straße, also in unmittelbarer Nähe zur Westruper Heide, liegt eingebettet in die Westruper Wälder noch die Wacholderdüne Sebbelheide. Hier befindet sich auch der beschriebene Wanderparkplatz. Mit einem Spaziergang lassen sich wunderbar beide Gebiete verbinden, allerdings ist die Sebbelheide deutlich weniger vom Heidekraut bewachsen. Auch die Halterner Seenlandschaft befindet sich in der Nähe. Entscheiden Sie, ob Sie nach Ihrem Besuch der Westruper Heide dieselbe Bushaltestelle vom Beginn Ihrer Auszeit aufsuchen oder noch anderen nahe gelegenen Gebieten einen Besuch abstatten.

WEITERE INFOS:

Infos zur Barrierefreiheit:
→ www.regiofreizeit.de (»Westruper Heide« in die Suche eingeben)

WEITERE INFOS

WEITERFÜHRENDE LINKS UND INFORMATIONEN

LITERATUR

→ **RAIMUND JOOS:** Warum der Schuh beim Gehen weiter wird. Tyrolia Verlag, 2015.
Für alle, die einen Pilgerweg planen und sich auf den inneren Weg vorbereiten wollen.

→ **GERALD KLAMER:** Der Waldwanderer – 6000 Kilometer durch Deutschland. Malik-Verlag, München 2022.
Der Autor schafft es, Begeisterung für den Wald und dessen Schutz zu entfachen. Seine Berichte rütteln wach und sind zugleich wunderschön.

→ **ANDREAS KNUF:** Ruhe da oben! Der Weg zu einem gelassenen Geist. Arbor-Verlag, Freiburg 2022.
Ein Buch über Lärm im Kopf, Atmen und inneren Frieden.

→ **SVEN PLÖGER:** Zieht euch warm an, es wird heiß! Wie wir noch verhindern können, dass unser Wetter immer extremer wird. Westendverlag, Frankfurt a.M. 2020.
Die Klimakrise verstehen lernen.

→ **PETER WOHLLEBEN:** Das geheime Leben der Bäume. Wilhelm Heyne Verlag, München 2020.
Das Buch ermöglicht einen völlig neuen Blick auf das Ökosystem Wald. Absolut lesenswert und erkenntnisreich.

FILME

→ **DER SCHNEELEOPARD.** Dokumentarfilm von Vincent Munier und Marie Amiguet. 2021.
Vincent Munier und Sylvain Tesson brechen nach Tibet auf und kommen dem gefährdeten Schneeleoparden auf die Spur – ein Film mit unbeschreiblichem Tiefgang!

→ **UNSERE WÄLDER – DIE SPRACHE DER BÄUME,** dreiteilige Doku; 3 Sat Mediathek.
Der Film vermittelt auf höchst faszinierende Weise und mit wunderschönen Bildern neues Wissen über unsere Wälder.

→ **WEIT.** Die Geschichte von einem Weg um die Welt. Dokumentarfilm von Gwendolin Weisser und Patrick Allgaier. 2017.
Der Film dokumentiert auf berührende Art eine dreieinhalbjährige Weltumrundung – ohne zu fliegen. Zutiefst beeindruckend.

PODCAST

→ **PETER WOHLLEBEN**
www.peter-wohlleben.de/podcast
Auf anschauliche, beeindruckende und humorvolle Weise erläutert Peter Wohlleben zusammen mit Gästen neueste wissenschaftliche Erkenntnisse über das Ökosystem Wald.

VERANSTALTUNGSORT IM RUHRGEBIET

→ **GASOMETER OBERHAUSEN**
www.gasometer.de
Regelmäßige Veranstaltungen bringen die Natur mit unglaublichen und gigantischen Bildern näher – großartig und einmalig. Beispiel: Ausstellung »Das zerbrechliche Paradies«.

GUDRUN TITZE

arbeitet als Pilger- und Wald-Gesundheitscoach, ist Diplom-Sozialarbeiterin, Natur- und Wildnispädagogin u. v. m. Als passionierte Wanderin liebt sie es, neue Pfade zu entdecken – bereits als Kind ist sie stundenlang durch die Natur gestreift. Vor vielen Jahren packte sie das Reisefieber und mit dem Nötigsten im Rucksack bereiste sie für mehrere Monate Südamerika. Später entdeckte sie in Deutschland und Spanien das Pilgern, mittlerweile hat sie einige Tausend Kilometer auf den verschiedensten Jakobswegen zurückgelegt. Aufgrund ihres großen Interesses an Wald und Naturschutz besuchte sie die Ausbildung zur Waldführerin und lernte Peter Wohlleben kennen. Sie teilt seine »Philosophie« über die Selbstheilungskräfte des Waldes und dessen unabdingbare Notwendigkeit für Mensch und Klima. Bei Annette Bernjus lernte sie das Waldbaden kennen und lieben – eine völlig neue Dimension der Naturerfahrung, die sie heute mit Leidenschaft ihren Kundinnen und Kunden weitergibt. Ihre Kurse sind zertifiziert und werden von den Krankenkassen bezuschusst.
www.waldbaden-wandern.de

DR. GISELA IMMICH

Dr. Immich forscht seit mehr als 10 Jahren zu Gesundheitswirkungen von Wald-/Naturaufenthalten auf die Gesundheit am Lehrstuhl für Public Health und Versorgungsforschungg (IBE) der Ludwig-Maximilians-Universität München. Sie kombiniert ihre Forschungsexpertise mit dem anwenderorientierten Know-how als zertifizierte Forest Therapy Guide (ANFT). Sie ist Co-Autorin des Sachbuchs »Waldtherapie – das Potenzial des Waldes für Ihre Gesundheit«, Mitgründerin des Kompetenzzentrums für Waldmedizin und Naturtherapie mit Tandem-Kursleitung zum Wald-Gesundheitstrainer:in und Waldtherapeut:in sowie Referentin auf nationalen und internationalen Kongressen.

REGISTER

BILDNACHWEIS

Titelbild: stock.adobe.com/chamillew
Klappe hinten: Gudrun Titze

Alle Fotos in diesem Buch stammen von Gudrun Titze, mit Ausnahme von: Alamy/Urbanmyth: 58; Getty Images/500 pix: 143-3; imageBROKER/Alamy Stock Photo: 150; imago/Jochen Tack: 3, 80, 85, 179-2; imago/Andreas Vitting: 77; imago/Zoonar: 89; imago: 29, 57, 70-71, 73; Laif/ Martin Kirchner: 61, 109; Martina Klein: 7; Mauritius Images/Werner Otto: 14; Picture Alliance/ Jochen Tack: 86; Shutterstock: 4, 8, 22, 23, 39, 52, 62, 65, 66-67, 68, 71, 83, 102, 113,115, 132, 147, 148-149, 154, 160, 177; stock.adobe.com: 5, 55, 56-57, 95, 110, 116, 126; 135, 136-137, 137, 149, 170, 183, 184-185.

FUNDSTÜCK, ELFRINGHAUSER SCHWEIZ

Postfach 860366, 81630 München

POLYGLOTT

POLYGLOTT ist eine eingetragene Marke der GRÄFE UND UNZER VERLAG GmbH

ISBN 978-3-8464-0959-6
1. Auflage 2023

WICHTIGER HINWEIS

Die Daten und Fakten für dieses Werk wurden mit äußerster Sorgfalt recherchiert und geprüft. Wir weisen jedoch darauf hin, dass diese Angaben häufig Veränderungen unterworfen sind und inhaltliche Fehler oder Auslassungen nicht völlig auszuschließen sind. Für eventuelle Fehler oder Auslassungen, Nachteile oder Schäden, die aus den im Buch vorgestellten Informationen resultieren, können Gräfe und Unzer und die Autorin keinerlei Verpflichtung und Haftung übernehmen.
Die Darstellung der GPX-Tracks kann in verschiedenen Tracking-Apps externer Anbieter variieren. Der Verlag kann daher nicht garantieren, dass alle Tourendetails exakt deckungsgleich mit den im Buch abgebildeten Karten sind.

Ein Unternehmen der
GANSKE VERLAGSGRUPPE

Text: Gudrun Titze
Redaktion und Projektmanagement:
Susanne Kronester-Ritter
Anne-Katrin Scheiter
Lektorat: Claudia Renner
Schlusskorrektur: Andrea Lazarovici
Umschlaggestaltung und Innenlayout:
Britta Rungwerth, Düsseldorf
Bildredaktion: Petra Ender
Karten: Diana Köhne
Koordination Kartographie: Julia Hirner
Satz: Ute Weber, Geretsried
Herstellung: Gloria Schlayer
Repro: Medienprinzen, München
Druck und Bindung:
Firmengruppe APPL, aprinta druck, Wemding

ANSPRECHPARTNER FÜR DEN ANZEIGENVERKAUF:

KV Kommunalverlag GmbH & Co. KG
MediaCenter München,
Tel. 089/928 09 60

BEI INTERESSE AN MASSGESCHNEIDERTEN B2B-PRODUKTEN:

b2b-kontakt@graefe-und-unzer.de

LESERSERVICE

GRÄFE UND UNZER Verlag
Grillparzerstraße 12, 81675 München
www.graefe-und-unzer.de

UMWELTHINWEISE

Nachhaltigkeit ist uns sehr wichtig.
Der Rohstoff Papier ist in der Buchproduktion hierfür von entscheidender Bedeutung. Daher ist dieses Buch auf PEFC-zertifiziertem Papier gedruckt.
PEFC garantiert, dass ökologische, soziale und ökonomische Aspekte in der Verarbeitungskette unabhängig überwacht werden und lückenlos nachvollziehbar sind.

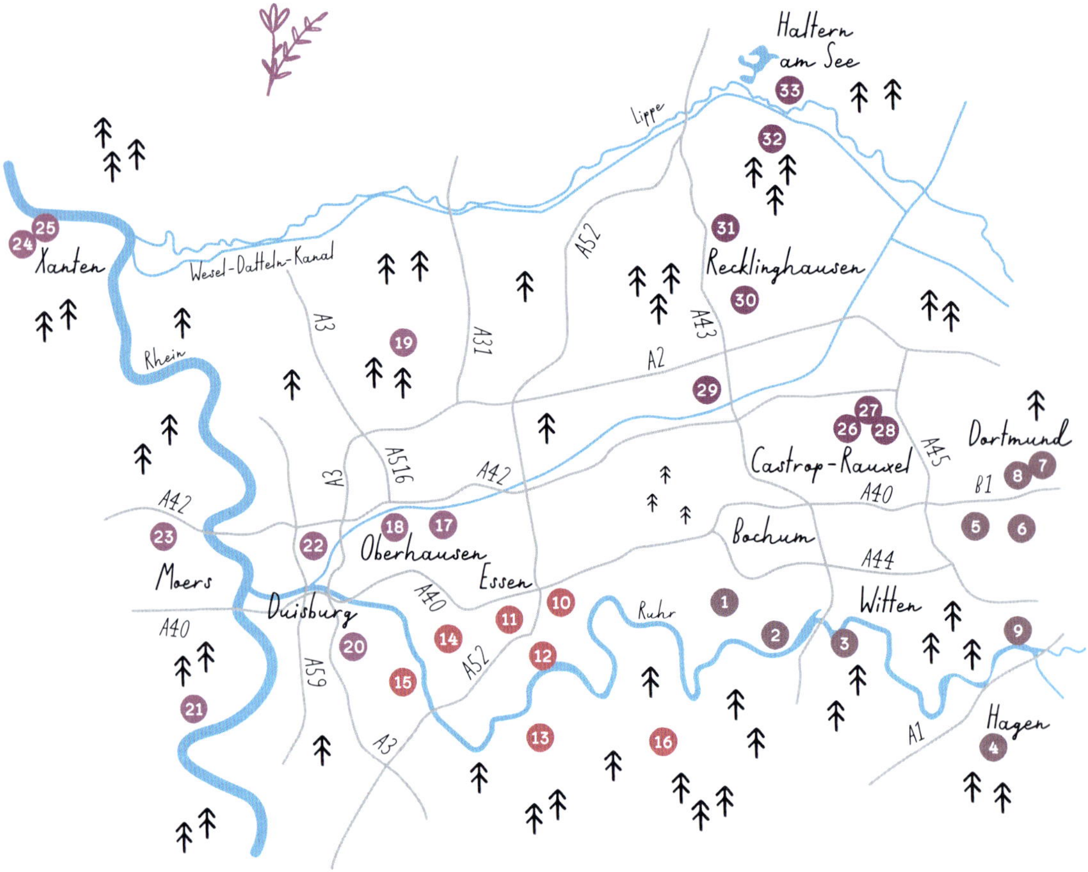

Haltern am See
33
Lippe
32
31
Recklinghausen
30
25
24
Xanten
Wesel-Datteln-Kanal
A52
A3
A31
A43
19
Rhein
A2
29
27
26
28
Dortmund
A42
A516
A3
Castrop-Rauxel
A45
8
7
B1
A40
A42
18
17
5
6
23
22
Oberhausen
Bochum
A44
Moers
Essen
A40
10
1
Duisburg
Ruhr
Witten
11
A40
14
2
3
9
20
12
A52
15
A59
21
Hagen
13
16
A1
A3
4